행복한 교회
　성장을 위한
양육시스템

푸른초장

행복한 교회 성장을 위한
양육시스템

초판 제1쇄 | 2010. 1. 27.

지은이 | 이강천
펴낸이 | 정성민
펴낸곳 | 푸른초장
표지디자인 | 정영수
표지그림 | 김지연
내지디자인 | 정영수, 정혜미

등록번호 | 제 387-2005-00011호(2005년 5월 17일)
소재지 | 경기도 부천시 소사구 심곡본동 743-14, 101호
          TEL 032) 655-8330 (푸른초장), 010-6233-1545
인쇄처 | 예원문화사

▌책값은 뒤표지에 있습니다.
ISBN 89-92817-30-1

행복한 교회
성장을 위한
양육시스템

목차

양육시스템 6

새 신자 돌보기 9
    1. 교회에 등록하지 않은 경우 _10
    2. 교회에 등록한 경우 _11

셀 라이프 시작 12

예수만남 수양회 14
    제 1강   따뜻한 아버지의 품 _18
    제 2강   인간의 죄와 십자가의 은혜 _34
    제 3강   성령 충만함을 받으라 _50
    제 4강   서로 세워가는 인생 _64

새 신자 양육 78

"기뻐요" 인생 살아가기 79
    제 1강   확신 있는 신앙생활 _80
    제 2강   "기뻐요" 인생 비결/ 주님 안에 거하는 삶 _85
    제 3강   말씀으로 살아가는 삶 _90
    제 4강   기도하는 삶 _95
    제 5강   증거 하는 삶 _101
    제 6강   예배하는 삶 _106
    제 7강   친교 가운데 사는 삶 _111

전인치유 수양회 116

    1. 전인치유/ 건강한 삶 Well-being Life의 이해 _ 120
    2. 치유의 하나님 _ 125
    3. 치유의 세계 _ 133
    4. 가시떨기 밭(염려와 욕망으로부터의 자유) _ 152
    5. 돌밭(상한 마음의 치유) _ 161
    6. 길바닥 마음/ 마귀의 문을 차단하라 _ 173

전인 건강 진단서 190

죄의 점검 목록 192

아침 묵상 194

제자훈련 198

천국 가정 수양회 200

    제 1강   천국 가정의 기본 원리 _ 202
    제 2강   행복한 부부의 원리 _ 211
    제 3강   부모와 자녀 사이 _ 221
    제 4강   여호와가 세우는 집 _ 232

부부칭찬과 부탁하기 236

성령무장 수양회 239

    제 1강   예수님의 능력사역 _ 242
    제 2강   성령의 은사 _ 252
    제 3강   은사사용의 원리 _ 266
    제 4강   성령과 치유사역 _ 277
    제 5강   성령의 성품과 열매 _ 288

양육시스템

셀 교회 양육시스템을 말하기 전에 셀 교회가 성장하는 동력을 이해할 필요가 있습니다.

셀 교회가 성장하려면 물론 셀 시스템이 잘 되어야 합니다.

이에 대하여는 "행복한 교회 성장의 열쇠"라는 책에서 셀 교회 원리와 실제적 적용으로 셀 시스템을 세우도록 안내하고 있습니다.

셀 시스템이 잘 돌아가려면 반드시 필요한 것이 양육시스템입니다.

셀이 가정이라면 양육시스템은 학교입니다.

가정에서 보고 배우면서 성장하지만 학교 교육을 통하여 체계적으로 배우고 훈련하게 되어 사회인이 되는 것처럼 양육시스템을 통하여 체계적인 교육과 훈련을 받아 지도자로 사역자로 성장하게 됩니다.

그래서 교회가 성장하려면 이 양육시스템이 잘 세워져야 합니다.

이 책에서는 양육시스템을 세우는 노력을 하게 됩니다.

셀 시스템과 양육시스템이 잘 세워진다고 교회가 부흥하고 성장하는 것은 물론 아닙니다.

여기에는 먼저 전체예배 즉 큰 구조로서의 예배가 살아 움직이는 역동적인 영감 있는 예배가 되어야 함을 전제로 합니다.

그러기 위해서는 예배나 양육과정, 셀 모임 가운데 성령의 기름 부으심이 절대적 요소 입니다.

성령의 기름 부으심이 없이는 교회는 부흥도 성장도 불가능합니다.

그러므로 교회는 성령님이 임재 하시고 운행하시는 교회가 되는 것이 절대적 부흥의 비결이요 성장의 열쇠입니다.

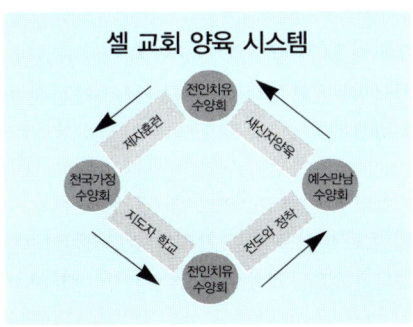

양육시스템은 위의 그림이 보여주는 바와 같이 세울 것입니다.

1. 전도와 정착, 새신자돌보기로 시작합니다.

2. 전도된 새 신자로 하여금 예수님을 만나고 성령 받는 체험으로 이끌기 위하여 예수만남 수양회를 열어 새 신자로 하여금 주님을 만나는 체험을 갖도록 도와 줍니다.

3. 새 신자 양육과정을 통하여 새 신자의 믿음과 영성이 성장하여 가도록 도와 줍니다. 새 신자 양육 과정은 셀 리더에 의하여 1대1 양육 또는 소수 그룹 양육으로 시행됩니다.

4. 전인 치유 수양회를 열어 초 신자 때부터 내적 치유를 경험하고 보다 원만한 신앙 인격을 갖고 자라도록 도와 줍니다. 물론 육체의 질병도 고침 받도록 이끌어 줍니다. 전인 치유는 글자 그대로 내적 치유와 외적 치유를 다 포함하는 전인적 치유를 목표로 합니다.

5. 이제 제자훈련 과정으로 인도해 그리스도의 성숙한 제자로서의 삶과 헌신과 봉사를 하도록 훈련시킵니다. 제자훈련은 대체로 소그룹으로 하는 것이 좋습니다. 그러나 셀 시스템이 잘 정착된 것을 전제로 하면 강의실 교육으로도 가능합니다.

6. 천국 가정 수양회를 열어 가정을 치유하고 가정을 든든히 세우도록 도와 줍니다. 혼자 신앙이 완성되는 것이 아니고 가정적 신앙이 되어야 보다 견고해 지기 때문이지요.

7. 지도자 학교를 열어 리더를 훈련하도록 합니다. 처음에는 코칭 셀을 열어 셀 안에서 지도자 훈련을 해 나가지만 일단 셀 시스템이 돌아가기 시작하면 새 신자들은 양육 시스템의 과정으로 교육받고 훈련 받으면서 마침내 리더십 스쿨 지도자 학교를 통하여 셀 리더로 교육받게 합니다. 이때의 교재는 물론 "행복한 교회성장의 열쇠"를 가지고 교육합니다.

8. 성령 무장 수양회를 열어 리더가 될 사람들이 성령으로 무장되고 각양 은사와 능력으로 구비하고 갖추게 하여 리더로 세우게 됩니다.

새 신자 돌보기

당신은 지금 전도하여 새 신자를 얻었습니다.

영적으로 자녀를 낳은 셈입니다. 축하합니다.

그런데 자녀를 낳기만 하고 내팽개치는 부모가 있다면 이 얼마나 무책임한 부모일까요?

잘 돌보아 건강하게 자라게 해야겠지요?

이제 당신은 새 신자 돌보기 과정에 들어갑니다.

그리고 동시에 당신의 셀 개척과정이 시작되는 것입니다.

당신이 아가페 만찬에 인도한 새 신자의 반응에 따라 두 가지 경우의 돌봄이 있겠는데요.

하나는 예수 믿기로 결신하고 교회에도 나와 등록한 경우이고,

하나는 거부하지 않고 믿겠다고는 하는데 아직 교회에 나오는 일은 결단하지 못하고 있는 경우입니다.

이 두 경우, 경우에 따라 새 신자 돌봄 사역을 다르게 접근해야 합니다.

우선 아가페 만찬에 왔던 형제를 바로 다음 주일 교회로 인도하여 등록하도록 강권합니다.

"친구야, 오는 주일에 교회에 함께 가는 거야 알았지?" 그러면서 시간 약속을 해서 주일날 교회로 데리고 나옵니다.

망설이는 경우도 있을 텐데 그때는 이해하는 태도를 보이면서 조심스럽고 끈기 있게 설득하고 강권하는 사랑으로 이끌어 교회에 나오게 합니다. 교회에 등록시키는 일은 중요한 일이므로 사탄이 방해하지 못하도록 기도 많이 하면서 교회로 이끌어 내십시오.

1. 교회에 아직 등록하지 않은 경우

교회에 아직 등록하지 않은 경우라도 포기할 필요는 없습니다.

오이코스 전도는 자주 만나 관심을 가지고 교제하면서 그 속에서 주님을 만나도록 인도하는 과정 전도이기에 아가페 만찬에 와서 복음을 듣고 긍정적이기만 하면 신자가 된 것이나 다름 없습니다.

"친구야 교회에 나오는 것은 좀 늦춘다 해도 이미 예수 믿기로 마음먹은 것은 맞지? 나하고라도 자주 만나자. 다음 주 목요일 오전 10시에 만날까? 내가 자기네 집으로 갈게."

시간을 약속하고는 가서 만납니다. 만나서 일주일 살아온 이야기를 나눕니다. 셀 모임의 첫 부분을 자연스럽게 진행하는 것이지요.

감사했던 일과 어려웠던 일을 나누고 서로 축복하며 기도합니다.

처음에는 전도자 혼자 기도하게 될지 모르지만 혼자라도 새 신자를 축복하며 진지하게 기도하십시오.

그리고

"다음 주에는 우리 집에서 만날까? 우리 집에 와서 밥 같이 먹자."

다음 주에도 가능하면 같은 요일 같은 시간에 만나고 이 만남을 계속 자연스럽게 진행해 나갑니다. 그러면서 가끔 한 번씩 교회에 나오도록 권면해 봅니다. 교회에 나올 때까지 일주일에 한 번 만남은 계속합니다.

물론 이 만남 자체를 부담스럽게 여겨 그만 만나자는 거절이 나오지 않도록 기도 많이 해야 합니다.

자연스럽게 진행하십시오.

사랑으로 돌보면 사랑을 싫어할 사람 없습니다.

마침내 교회에 등록하게 되면 새 신자 정착과정에 들어갑니다.

2. 교회에 등록한 경우

교회에 나와 등록한 경우에는 자연스럽게 새신자가 교회에 잘 정착할 수 있도록 전도자 자신이 도와 줍니다. 처음 한달 동안은 매 주 한번씩은 새신자와 만나고 식사도 함께 하며 주일마다 교회로 데려오고 교회 중 직자들을 소개시켜 주기도 하면서 교회에 대하여 낯선 느낌이 사라지도록 도와 줍니다. 자녀를 낳고 기르는 심정으로 돌보면 됩니다. 그리고는 셀 라이프로 이어지게 합니다.

셀 라이프 시작

이미 말씀 드린 대로 당신이 한 사람을 전도하여 새 신자 정착 과정을 마치게 되면 그냥 버려두는 것이 아니라 계속 돌보고, 만나고 함께 삶을 나누는 셀이 시작된 것입니다.

매주 한 번씩 만나 삶을 나누고 함께 기도하는 일을 하십시오.

이것은 당신의 셀이 개척된 것이며 시작된 것입니다.

둘 만의 셀 모임은 형식에 얽매일 필요는 없습니다.

자연스럽게 삶을 나누고 기도하는 모임이면 됩니다.

묵도 찬송 기도 라는 순서에 매이지 마십시오.

"지난 한 주간 어떻게 살았어? 감사한 일이나 혹 어려웠던 일이 뭔지 이야기해 줄래?" 만나서 이렇게 시작하면 됩니다.

새 신자가 자연스럽게 말문을 열어 나누면 그가 먼저 나누게 하고 나누는 일을 어색해 하면 전도자인 리더가 먼저 나누면 됩니다.

"나는 이러 이러한 일이 있었는데 하나님께서 이렇게 인도하시고 도와 주셔서 너무 감사했지. 그런데 남은 과제는 이런 게 있어 기도해 줘."

이렇게 리더가 먼저 자신의 삶을 나누고 나서

"자기는 어떻게 살았어?"

이렇게 물으면 자연스럽게 삶을 나누게 됩니다.

그가 기쁨을 누렸으면 같이 기쁨을 공감하고 표시하고 혹 슬픔이나 어려움을 겪었으면 같이 공감하며 이해하고 맞장구 쳐주며 들어 주고 과제나 기도 제목을 가지고 열심으로 기도합니다.

새 신자도 함께 입을 열어 기도하도록 권하고 용기를 북돋우어 줍니다. 때로는 돌아가면서 기도를 하여 새 신자가 분명하게 자기 입을 열어 기도하도록 유도하고 도와 줍니다. 점점 둘이 뜨겁게 기도할 수 있는 분위기로 이끌어 갑니다. 그리고는 둘이 또 전도하는 노력을 해 나갑니다.

새 신자에게도 다른 친구를 전도하도록 격려합니다. 전도해서는 바로 둘이 모이는 셀로 인도해 오면 됩니다. 아니면 전도자가 속한 셀에서 다음 번 아가페만찬을 할 때 친구를 데려오게 합니다. 그래서 새 신자가 생기면 셀 모임은 훨씬 즐거워집니다.

자신과 새 신자가 전도해 온 사람은 계속 자기 셀 멤버가 되어 셀을 키워 나가면서 7명 셀로 자랄 때까지 전도하고 셀 모임은 점점 규모를 갖추고 4W(4진) 방식으로 갖추어 나갑니다. 그리고는 더 나아가 자 셀이 다시 전도하는 셀이 되게 합니다.

예수만남 수양회

　본격적인 양육을 위해서는 새 신자를 예수만남 수양회로 인도해야 합니다. 사실 태어나지 않은 사람을 양육하는 일은 할 수 없습니다.
　예수만남 수양회를 통하여 새 신자가 예수님을 만나는 체험과 거듭나는 체험을 할 수 있도록 돕고 인도해야 합니다.
　예수만남 수양회는 이 일, 새 신자가 예수님 만나는 체험을 하도록 돕는 수양회 입니다.
　당신은 당신의 새 신자가 가장 가까운 시일 안에 있는 예수만남 수양회에 참여하여 은혜 받도록 이끌어 주어야 합니다.
　예수만남 수양회는 담임 목사의 책임하에 교회적으로 행해야 할 것이지만 당신은 새 신자가 참여하여 은혜 받고 체험하도록 이끌어 주는 역할을 감당해야 하는 것이지요.

예수만남 수양회 매뉴얼

예수만남 수양회는 다음과 같은 일정으로 진행합니다.

1박 2일 프로그램으로 하는 것이 이상적이나 교회의 형편에 따라 아침부터 저녁까지 하여 하루에 마쳐야 되는 경우도 있는데 이런 경우에는 아래의 일정을 참고하여 조정하여서 시행합니다.

예수만남 수양회

	금	토
새벽		강의3/ 성령의 은혜 성령 받는 기도
오전		강의4/새로운 인생 간증과 감사 파송 예배
오후		
저녁	유머 아이스브레이킹 찬양예배 강의1/ 따뜻한 아버지의 품 찬양 강의2/ 십자가의 은혜 회개와 믿음의 기도 조별 모임	

0. 오후6시/ 저녁 식사를 준비해 놓고 가능하면 이 시간에 와서 저녁 식사를 하게 한다. 직장에서 늦는 경우 첫 개강예배시간인 7시에는 오도록 한다

1. 오후 7시 /개강, 우선 간단한 유머나 게임동작으로 아이스브레이킹을 하고

2. 찬양으로 개강예배를 드린다(20분). 이 때 찬양은 쉬운 곡 이어야 하고 곡을 프로젝터로 띄워준다

3. 강의1/"따뜻한 하나님의 품"을 60분 이내로 강의하되 하나님 없는 삶과 하나님을 모신 삶의 대비를 통하여 하나님께 소망을 두고 하나님 모신 삶을 살도록 결심하고 다짐하게 한다.
통성 기도를 하게 한다

4. 강의 2/찬양을 한 곡 부르고 "십자가의 은혜"를 60분 이내로 강의되 우리가 죄인인 것을 깨달으며 주님의 십자가의 은혜를 확신하도록 인도한다. 강의가 끝나면 각자 회개와 믿음의 고백을 하는 기도시간을 갖는다.

5. 조별 모임을 갖고 각자 깨달은 것과 결심을 나누어 보면서 회개와 믿음을 다짐하는 일을 각자 셀 안에서 고백하게 한다. 그리고 감사의 기도를 한다

6. 12시에는 잠을 자도록 한다

7. 강의3/다음날 아침 6시에 모여 "성령의 은혜"를 강의하되 우리의 삶이 성령의 은혜로 살아가야 할 것과 성령 받아야 할 것을 깨닫고 성령을 사모하도록 이끈다.

8. 성령 받는 기도/ "성령의 은혜" 강의 후에 성령 받기 위해 10분간 부르

짖는 기도를 한다. 그리고 나서 성령 받은 표로 방언의 은사로 기도하도록 한다. 조별로 강당에 둘러 앉아 먼저 방언하는 리더와 그들을 전도한 먼저 믿은 신자들이 도와 가면서 방언체험 기도로 이끈다.

9. 아침 식사를 한다

10. 강의4/ "새로워진 인생"을 강의하여 새로운 삶에 대한 확신과 다짐을 갖게 한다.

11. 각 조별로 한두 사람 간증하게 한다.

12. 파송 예배/ 찬양예배를 드린다.

제1강
따뜻한 아버지의 품

눅 15:11, 또 가라사대 어떤 사람이 두 아들이 있는데

12, 그 둘째가 아비에게 말하되 아버지여 재산 중에서 내게 돌아올 분깃을 내게 주소서 하는지라 아비가 그 살림을 각각 나눠 주었더니

13, 그 후 며칠이 못되어 둘째 아들이 재산을 다 모아 가지고 먼 나라에 가 거기서 허랑방탕하여 그 재산을 허비하더니

14, 다 없이한 후 그 나라에 크게 흉년이 들어 저가 비로소 궁핍한지라

15, 가서 그 나라 백성 중 하나에게 붙여 사니 그가 저를 들로 보내어 돼지를 치게 하였는데

16, 저가 돼지 먹는 쥐엄 열매로 배을 채우고자 하되 주는 자가 없는지라

17, 이에 스스로 돌이켜 가로되 내 아버지에게는 양식이 풍족한 품꾼이 얼마나 많은고 나는 여기서 주려 죽는구나

18, 내가 일어나 아버지께 가서 이르기를 아버지여 내가 하늘과 아버지께 죄를 얻었사오니

19, 지금부터는 아버지의 아들이라 일컬음을 감당치 못하겠나이다 나를 품꾼의 하나로 보소서 하리라 하고

20, 이에 일어나서 아버지께 돌아가니라 아직도 상거가 먼 데 아버지가 저를 보고 측은히 여겨 달려가 목을 안고 입을 맞추니

21, 아들이 가로되 아버지여 내가 하늘과 아버지께 죄를 얻었사오니 지금부터는 아버지의 아들이라 일컬음을 감당치 못하겠나이다 하나

22, 아버지는 종들에게 이르되 제일 좋은 옷을 내어다가 입히고 손에 가락지를 끼우고 발에 신을 신기라

23, 그리고 살진 송아지를 끌어다가 잡으라 우리가 먹고 즐기자 24 이 내 아들은 죽었다가 다시 살아났으며 내가 잃었다가 다시 얻었노라 하니 저희가 즐거워하더라

오늘 우리는 여러분에게 하나님 아버지의 놀라운 사랑, 따뜻한 사랑의 하나님을 소개하려고 합니다.

여러분 우리가 하나님의 자녀가 된다는 것은 얼마나 감격스러운 일인지 아십니까?

하나님이 얼마나 안타까운 사랑으로 또 인내의 사랑으로 우리를 기다리고 우리를 사랑하고 우리를 품으시는지 말씀을 통하여 깨달으며 느끼며 그 품에 안기시기 바랍니다.

1. 무엇이 잘못 되었는가? 아버지를 떠났다

우리는 그간 우리 인생에 무엇이 잘못 되었는지를 깨닫고 교정함으로

써 하나님께서 계획하신 원래의 복된 삶을 회복해야 합니다.

1) 우리는 하나님의 자녀이다

우리가 먼저 알 것은 인간은 본래 창조 때부터 하나님께서 하나님의 자녀로 지으셨다는 것입니다.

다른 동물이나 짐승과는 차원이 다른 하나님의 자녀로 하나님과 사랑과 신뢰의 관계를 가지고 살도록 지으셨습니다.

하나님의 인간 창조의 기록은 매우 감동적이고 감격스러운 내용으로 되어 있습니다.

그것은 우리 인간을 하나님이 하나님의 형상을 따라 하나님 모양으로 만들었다는 것입니다.

> 창 1:26, 하나님이 가라사대 우리의 형상을 따라 우리의 모양대로 우리가 사람을 만들고 그로 바다의 고기와 공중의 새와 육축과 온 땅과 땅에 기는 모든 것을 다스리게 하자 하시고
> 27, 하나님이 자기 형상 곧 하나님의 형상대로 사람을 창조하시되 남자와 여자를 창조하시고
> 28, 하나님이 그들에게 복을 주시며 그들에게 이르시되 생육하고 번성하여 땅에 충만하라, 땅을 정복하라, 바다의 고기와 공중의 새와 땅에 움직이는 모든 생물을 다스리라 하시니라

하나님의 형상 즉 영성, 신격으로 만들었다는 것이지요.

사람은 하나님의 영성을 지니고 있으면서 하나님과 교제하도록 창조되었습니다.

하나님의 자녀 된 삶을 누리도록 창조 된 것입니다.

여러분 "하나님의 자녀" 생각만 해도 마음 설레는 이름 아닙니까?

2) 우리는 아버지를 배반하고 떠난 탕자이다

그런데 문제는 우리가 하나님을 떠났다는 것입니다.

예수님은 여기 탕자의 비유에서 둘째 아들이 아버지를 떠나는 비유를 통해서 우리 인간이 하나님을 떠났다는 것을 가르쳐 줍니다.

하나님 없이 독자적으로 자기 뜻대로 자기가 원하는 대로 인생을 누리겠다고 아버지의 품을 떠나간 것입니다.

둘째 아들이 재산을 다 모아 가지고 먼 나라에 가 거기서 허랑방탕하여 그 재산을 허비하더니

하나님은 이사야 선지자를 통해서도 하나님을 버리고 떠나간 하나님의 자녀들의 죄를 고발하며 돌아오기를 촉구합니다.

아버지 되신 여호와 하나님을 버리고 거룩한 하나님 아버지를 만홀히 여기고 즉 우습게 여기고 떠나간 것입니다. 이것이 우리 인생의 근본적인 잘못이요 문제 입니다.

> 사 1:2, 하늘이여 들으라 땅이여 귀를 기울이라 여호와께서 말씀하시기를 내가 자식을 양육하였거늘 그들이 나를 거역하였도다

3, 소는 그 임자를 알고 나귀는 주인의 구유를 알건마는 이스라엘은 알지 못하고 나의 백성은 깨닫지 못하는도다 하셨도다

4, 슬프다 범죄한 나라요 허물진 백성이요 행악의 종자요 행위가 부패한 자식이로다 그들이 여호와를 버리며 이스라엘의 거룩한 자를 만홀히 여겨 멀리하고 물러갔도다

3) 아버지를 떠난 결과는 고난과 저주이다

아버지를 떠난 결과는 고난과 저주 입니다.

여기 탕자의 비유에서는 무엇을 보여 줍니까?.

탕자가 궁핍하게 되었습니다.

물론 비유에서는 먹을 것이 떨어진 육신적인 굶주림으로 말하고 있지만 굶주림이란 육신적 굶주림만 있는 게 아니고 영적 정신적 굶주림, 사랑의 굶주림도 있습니다.

어쨌든 굶주리게 되었습니다.

여러분 하나님을 떠난 인생은 굶주림의 인생입니다.

늘 삶에 대한 걱정과 근심이 떠날 날이 없고 정신적으로 외롭고 하나님의 사랑을 잃어 버리고 영적으로 주리는 인생입니다.

14, 다 없이 한 후 그 나라에 크게 흉년이 들어 저가 비로소 궁핍한지라

15, 가서 그 나라 백성 중 하나에게 붙여 사니 그가 저를 들로 보내어 돼지를 치게 하였는데

16, 저가 돼지 먹는 쥐엄 열매로 배을 채우고자 하되 주는 자가 없는지라

수고하는 인생이 되었습니다.

돼지 치기 인생이 된 것입니다. 돼지를 치는 일이 천한 일은 아니지만 부잣집 둘째 아들이 남의 종이 되어 먹고 살기 위해 돼지 치는 자가 되었으니 한심한 일 아닙니까?

그러나 더 한심한 것은 돼지를 치면서 먹을 것도 얻어 먹지 못하고 돼지가 먹는 쥐엄 열매로 배를 채우고자 하는 신세가 되었다는 것입니다. 돼지 수준의 인생으로 전락하고 만 것입니다.

하나님 수준에서 살아야 할 인간이 돼지 수준으로 살다니 얼마나 안타까운 비극입니까?

여러분 우리가 하나님을 떠나 살면 마귀에게 종 노릇하고 마귀의 종 노릇 하게 되면 고생하고 먹지 못하는 그리고 한 없이 비참한 인생으로 전락하는 경우가 대부분입니다.

영적으로 비참한 인생이 되는 것이지요.

성경은 하나님을 떠난 인생을 생수의 근원되는 하나님을 버린 것이라고 지적합니다.

여러분 생수의 근원되는 하나님을 떠나서 무슨 축복된 인생을 누리겠습니까?

스스로 웅덩이를 파나 저수지를 만드나 터진 웅덩이 터진 저수지처럼 물을 담아 두지 못하는 저수지라는 것입니다.

헛된 인생의 몸부림을 표현하는 것이지요.

> 렘 2:13, 내 백성이 두 가지 악을 행하였나니 곧 생수의 근원되는 나를 버린 것과 스스로 웅덩이를 판 것인데 그것은 물을 저축지 못할 터진 웅덩이니라

이사야 선지자는 이 형편을 이렇게 지적하며 회개를 촉구합니다.
온 머리는 병 들었고 온 마음은 피곤하며 발바닥에서 정수리까지 성한 곳이 없고 상하고 터지고 맞은 흔적뿐인 비참하고 슬프고 고된 인생이 되었다는 것입니다. 하나님을 떠나 사는 인생의 결말은 이렇게 고단하고 저주스러운 것일 뿐입니다.

> 사 1:5, 너희가 어찌하여 매를 더 맞으려고 더욱 더욱 패역하느냐 온 머리는 병들었고 온 마음은 피곤하였으며
> 6, 발바닥에서 머리까지 성한 곳이 없이 상한 것과 터진 것과 새로 맞은 흔적뿐이어늘 그것을 짜며 싸매며 기름으로 유하게 함을 받지 못하였도다

2. 무엇이 필요한가? /참된 회개

자 그렇다면 이러한 고난과 저주의 인생을 벗어 나기 위하여 무엇이 필요합니까?

1) 깨달음

첫째는 깨닫는 것이 필요합니다.
아버지를 떠난 것이 문제임을 깨달아야 합니다.

아버지께 죄인인 것을 깨달아야 한다는 것입니다.

우선 무슨 대단한 죄를 저질러 살인하고 강도질을 하지 않았다 해도 나를 지으시고 사랑하시는 하나님을 배반하고 떠나갔다는 것만으로도 죄인인 것을 깨달아야 합니다.

부모를 배신하고 떠나간 자식의 죄를 깨달아야 합니다.

하나님 아버지의 마음을 아프게 한 것이 죄임을 깨달아야 합니다.

그리고 하나님을 떠난 인생이 저주임을 깨달아야 합니다.

겉으로 보기에 그럴듯한 삶을 산다고 다 인생이 아닙니다.

하나님 없는 삶의 비참함과 저주스러움을 깨달아야 합니다.

하나님을 떠난 것이 문제라는 것을 깨달아야 합니다.

17, 이에 스스로 돌이켜 가로되 내 아버지에게는 양식이 풍족한 품꾼이 얼마나 많은고 나는 여기서 주려 죽는구나
18, 내가 일어나 아버지께 가서 이르기를 아버지여 내가 하늘과 아버지께 죄를 얻었사오니
19, 지금부터는 아버지의 아들이라 일컬음을 감당치 못하겠나이다 나를 품꾼의 하나로 보소서 하리라
시 49:20, 존귀에 처하나 깨닫지 못하는 사람은 멸망하는 짐승 같도다

깨닫지 못하는 사람은 멸망하는 짐승과 같다고 말합니다.

여러분 하나님 아버지를 떠난 인생의 죄 됨을 깨달으십니까?

2) 아버지께 돌아오는 결단

깨닫고 나면 결단이 필요 합니다.

아버지께로 돌아오는 결단을 내리는 것입니다.

탕자는 결단하고 아버지께 돌아 갑니다.

20, 이에 일어나서 아버지께 돌아가니라

하나님께서도 돌아오라고 부르십니다.

어떤 죄라도 용서하여 줄 것이니 돌아오라고 부르시는 것이 하나님 아버지의 사랑입니다.

여러분 결단하고 하나님 아버지께로 돌아오신 것이지요?

마음으로 결단하십시다. 아버지 품에서 살기로 결단합시다

- 사 44:22, 내가 네 허물을 빽빽한 구름의 사라짐같이, 네 죄를 안개의 사라짐같이 도말하였으니 너는 내게로 돌아오라 내가 너를 구속하였음이니라
- 사 55:7, 악인은 그 길을, 불의한 자는 그 생각을 버리고 여호와께로 돌아오라 그리하면 그가 긍휼히 여기시리라 우리 하나님께로 나아오라 그가 널리 용서하시리라

3. 따뜻한 하나님의 사랑의 품

이제 여러분 따뜻한 하나님 아버지의 사랑의 품을 느껴 보십시오.

그리고 안겨 보십시오 하나님의 사랑은 어떤 사랑입니까?

1) 기다리시는 사랑

하나님 아버지의 사랑은 간절한 사랑입니다.

돌아오기를 기다리시는 사랑입니다.

거리가 먼데 아버지가 저를 보고 측은히 여겨 달려가 목을 안고 입을 맞춥니다.

아직 거리가 먼데 아들이 돌아오는 것을 보았습니다.

돌아오는 아들을 보면 가만히 있지 못하고 달려 나가는 간절한 사랑의 아버지 이십니다.

이 하나님 아버지의 사랑을 느껴 보십시오.

아버지 하나님께로 돌아 오십시오.

아직도 상거가 먼 데 아버지가 저를 보고 측은히 여겨 달려가 목을 안고 입을 맞추니

선지자를 통하여 돌아오기를 부르고 계신 하나님 아버지의 음성을 다시 들어 보십시오.

자식을 향한 애타는 아버지의 마음을 느껴 보십시오.

돌아오지 않는 아들, 그러나 버릴 수 없는 아버지의 사랑, 그래서 불붙는 듯한 애끓는 사랑, 그것이 하나님 아버지의 사랑입니다.

여러분 진실로 이 하나님 아버지 사랑 안으로 뛰어 들어 보시겠습니

까? 오늘 그렇게 마음을 정하십시오.

- 호 11:7, 내 백성이 결심하고 내게서 물러가나니 비록 저희를 불러 위에 계신 자에게로 돌아오라 할지라도 일어나는 자가 하나도 없도다
- 8, 에브라임이여 내가 어찌 너를 놓겠느냐 이스라엘이여 내가 어찌 너를 버리겠느냐 내가 어찌 너를 아드마같이 놓겠느냐 어찌 너를 스보임같이 두겠느냐 내 마음이 내 속에서 돌아서 나의 긍휼이 온전히 불붙듯 하도다

2) 용서하시는 사랑

하나님 아버지의 사랑은 용서 하시는 사랑입니다.

하나님을 배반한 죄도 허랑방탕했던 죄도 모두 조건 없이 다 용서하시는 사랑입니다.

무제한 용서 하시는 사랑입니다.

품꾼의 하나로 써 달라는 아들의 말을 아무 책망도 없이 아무 조건도 없이 무조건 용서하고 아들로 회복 시킵니다.

하나님은 선지자를 통하여 죄 사함을 약속하시며 부르십니다.

우리는 아무 두려움이나 주저 없이 하나님께 나올 수 있습니다.

제한 없이 끝 없이 용서 하시는 사랑의 아버지이기 때문입니다.

- 사 1:18, 여호와께서 말씀하시되 오라 우리가 서로 변론하자 너희 죄가 주홍 같을지라도 눈과 같이 희어질 것이요 진홍같이 붉을지라도 양털같

이 되리라

시 103:10, 우리의 죄를 따라 처치하지 아니하시며 우리의 죄악을 따라 갚지 아니하셨으니

11, 이는 하늘이 땅에서 높음같이 그를 경외하는 자에게 그 인자하심이 크심이로다

12, 동이 서에서 먼 것같이 우리 죄과를 우리에게서 멀리 옮기셨으며

13, 아비가 자식을 불쌍히 여김같이 여호와께서 자기를 경외하는 자를 불쌍히 여기시나니

14, 이는 저가 우리의 체질을 아시며 우리가 진토임을 기억하심이로다

3) 삶을 회복 시켜 주시는 사랑

하나님 아버지의 사랑은 우리의 삶을 축복된 삶으로 회복시켜 주시는 사랑입니다.

여기 아버지가 어떻게 탕자였던 아들을 회복시키시는지 보십시오.

첫째는 제일 좋은 옷을 입힙니다.

둘째는 손에 반지를 끼워줍니다.

셋째는 발에 신을 신깁니다.

이는 신분의 회복입니다.

22, 아버지는 종들에게 이르되 제일 좋은 옷을 내어다가 입히고 손에 가락지를 끼우고 발에 신을 신기라 23, 그리고 살진 송아지를 끌어다가 잡으라 우리가 먹고 즐기자

24, 이 내 아들은 죽었다가 다시 살아났으며 내가 잃었다가 다시 얻었노라 하니 저희가 즐거워하더라

(1) 제일 좋은 옷을 입히다

제일 좋은 옷을 입히는 것은 완전한 신분을 회복하는 것입니다.
탕자는 누더기 옷을 걸치고 있었습니다.
누더기 옷은 죄인의 의복입니다.
그러나 아버지는 제일 좋은 옷으로 입힙니다.
죄의 옷을 벗기고 새 옷으로 구원의 옷으로 의의 옷으로 입힙니다.
그래서 하나님의 자녀의 신분으로 회복시킵니다.
성경은 구원의 옷 의의 겉옷이라 말하고 있습니다.

사 61:10, 내가 여호와로 인하여 크게 기뻐하며 내 영혼이 나의 하나님으로 인하여 즐거워하리니 이는 그가 구원의 옷으로 내게 입히시며 의의 겉옷으로 내게 더하심이 신랑이 사모를 쓰며 신부가 자기 보물로 단장함 같게 하셨음이라

더러운 죄의 옷을 벗기고 아름다운 의의 옷을 입히는 하나님의 사랑과 자녀 된 신분 회복을 성경은 가르쳐 줍니다.

슥 3:4, 여호와께서 자기 앞에 선 자들에게 명하사 그 더러운 옷을 벗기라 하시고 또 여호수아에게 이르시되 내가 네 죄과를 제하여 버렸으니 네게 아름다운 옷을 입히리라 하시기로

계 19:8, 그에게 허락하사 빛나고 깨끗한 세마포를 입게 하셨은즉 이 세마
포는 성도들의 옳은 행실이로다 하더라

(2) 손가락에 반지를

손에 가락지를 끼운다는 것은 영광스럽게 한다는 것입니다.

바로가 인장 반지를 요셉의 손에 끼웠을 때 요셉은 왕의 영광과 권위를 지니게 되었습니다.

창 41:42, 자기의 인장 반지를 빼어 요셉의 손에 끼우고 그에게 세마포 옷
을 입히고 금사슬을 목에 걸고

아하수에로 왕이 하만에게서 반지를 빼앗아 모르드개에게 끼웠을 때 모르드개는 왕의 영광과 권위를 지니게 된 것입니다.

에 8:2, 왕이 하만에게 거둔 반지를 빼어 모르드개에게 준지라 에스더
가 모르드개로 하만의 집을 주관하게 하니라

하나님의 반지를 끼운다는 것은 왕 되신 하나님의 영광과 권위를 입힌다는 것입니다.

대단한 신분 상승이며 영광의 위치에 있게 하는 것입니다.

탕자가 종으로 써 달라고 하였을 때 아버지는 자녀의 신분 회복으로 새 옷을 입히고 반지를 끼워 아들의 신분을 확인시켜 주었습니다.

여러분 여러분이 예수를 구주로 삼고 하나님의 자녀 된다는 것은 하나님의 왕자와 공주의 신분을 부여 받는 것입니다.

(3) 발에 신을

발에 신을 신긴다는 것은 아들의 신분을 확인시켜 주는 것입니다.

발에서 신을 벗는다는 것은 종이 된다는 것입니다.

그런데 신을 신겨 준다는 것은 종이 아니요, 자녀임을 확증하여 주시는 하나님의 인치심입니다.

우리는 이제 복음의 신을 신은 하나님의 자녀요, 왕의 자녀입니다.

멋진 인생이 시작되는 것입니다.

출 3:5, 하나님이 가라사대 이리로 가까이 하지 말라 너의 선 곳은 거룩한 땅이니 네 발에서 신을 벗으라
수 5:15, 여호와의 군대장관이 여호수아에게 이르되 네 발에서 신을 벗으라 네가 선 곳은 거룩하니라 여호수아가 그대로 행하니라
엡 6:15, 평안의 복음의 예비한 것으로 신을 신고

(4) 기쁨의 잔치를

하나님의 기쁨

하나님은 기쁨으로 잔치를 여십니다. 이는 우선 하나님께서 아들이 돌아옴을 얼마나 기뻐하셨는가를 보여 주는 장면입니다.

여러분이 하나님의 자녀로 돌아올 때 하나님이 이렇게 기뻐하십니다.

하나님께서는 당신의 백성을 얼마나 기뻐하시는지 이렇게 말씀 하십니다.

- 습 3:17, 너의 하나님 여호와가 너의 가운데 계시니 그는 구원을 베푸실 전능자시라 그가 너로 인하여 기쁨을 이기지 못하여 하시며 너를 잠잠히 사랑하시며 너로 인하여 즐거이 부르며 기뻐하시리라 하리라
- 눅 15:10, 내가 너희에게 이르노니 이와 같이 죄인 하나가 회개하면 하나님의 사자들 앞에 기쁨이 되느니라

나의 기쁨

하나님께서는 돌아온 우리에게 기쁨을 주시기를 원하십니다.

기쁨의 잔치를 열었다는 것은 하나님의 기쁨을 나타낼 뿐 아니라 하나님께서 우리를 기뻐하게 하신다는 것입니다.

우리는 기쁨의 삶을 회복 하게 됩니다.

- 시 30:11, 주께서 나의 슬픔을 변하여 춤이 되게 하시며 나의 베옷을 벗기고 기쁨으로 띠 띠우셨나이다
- 사 35:10, 여호와의 속량함을 얻은 자들이 돌아오되 노래하며 시온에 이르러 그 머리 위에 영영한 희락을 띠고 기쁨과 즐거움을 얻으리니 슬픔과 탄식이 달아나리로다

하나님께로 돌아와 하나님 자녀의 신분을 회복하고 하나님과 더불어 기쁨의 인생을 누리시기 바랍니다.

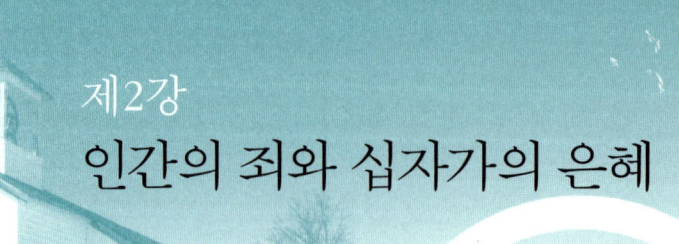

제2강
인간의 죄와 십자가의 은혜

1. 인간의 죄

1) 원죄-영성의 타락

영적 존재인 인간에게 근본적인 문제가 발생했다고 성경은 가르쳐 줍니다.

영이 병들었다는 것이지요.

왜 많은 사람들이 불행을 느끼며 살게 되는지를 이해하고 고치고 회복하려면 그 근본적인 문제가 무엇인지를 알아야 할 것입니다.

성경은 하나님의 영적 피조물인 인간이 타락했다고 가르쳐 줍니다.

그 타락의 성격이 무엇인지 이해할 필요가 있습니다.

창 3:4, 뱀이 여자에게 이르되 너희가 결코 죽지 아니하리라

5. 너희가 그것을 먹는 날에는 너희 눈이 밝아 하나님과 같이 되어 선악을 알 줄을 하나님이 아심이니라
6. 여자가 그 나무를 본즉 먹음직도 하고 보암직도 하고 지혜롭게 할 만큼 탐스럽기도 한 나무인지라 여자가 그 실과를 따먹고 자기와 함께한 남편에게도 주매 그도 먹은지라

하나님의 형상대로 창조된 인간은 그 영으로 하나님을 만나며 친교하며 사랑하며 신뢰하는 관계 속에서 살아야 했습니다.

그런데 인간이 하나님을 불신하고 대신 마귀를 신뢰하는 선택을 한 것입니다.

하나님은 선악과를 따 먹지 말라 하시면서 먹는 날에는 정녕 죽으리라(창2:17) 하셨습니다.

그런데 유혹자 뱀은 먹어도 "결코 죽지 아니하리라"고 유혹합니다.

여기서 첫 사람 아담과 하와는 선택의 기로에 섭니다.

하나님의 말씀을 믿을 것인가 아니면 뱀 즉 마귀의 말을 믿을 것인가?

아담과 하와는 불행하게도 하나님의 말씀을 불신하고 마귀의 말을 믿으므로 하나님을 배신하고 마귀에게 마음을 주는 선택을 하게 됩니다. 이것이 타락이요 근본적인 죄요 인간 영혼의 근본적인 문제입니다.

우리의 영은 하나님을 만나고 사랑하며 사랑 받으며 친교하며 살게 되어 있고 그렇게 할 때 건강하고 행복하도록 지어진 것인데 하나님과

의 친교 관계가 불신으로 깨어졌습니다. 영적으로 병이 든 것입니다.

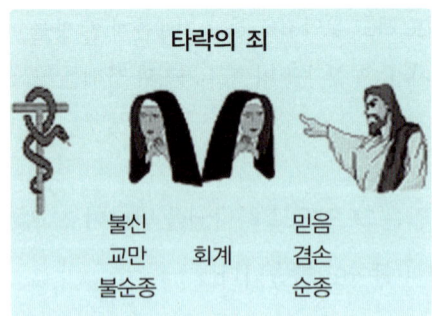

롬 14:23, 의심하고 먹는 자는 정죄되었나니 이는 믿음으로 좇아 하지 아니한 연고라 믿음으로 좇아하지 아니하는 모든 것이 죄니라

선악과란 선악을 알게 하는 나무입니다.

선악과를 먹게 되면 선악과 시비를 가리며 살아야 하는 운명이 됩니다. 그 이전에는 아담과 하와는 다만 어린 아이같이 하나님의 말씀만 믿고 하나님의 사랑을 받고 축복을 누리며 살면 되었습니다.

그러나 이를 거부하고 하나님의 말씀을 불신하게 되고 불순종하여 선악과를 먹었다는 것은 이제 스스로 선악의 문제를 짊어지고 살아가야 한다는 말입니다.

불신 다음에는 교만의 유혹에 빠집니다.

"눈이 밝아져 하나님과 같이 될 것"이라는 말을 믿게 됩니다.

하나님과 대등해지려는 교만, 사람으로서는 있을 수 없는 교만이 인간의 마음에 생겨난 것입니다.

이 교만은 예나 지금이나 큰 죄입니다.

인간은 하나님의 형상 즉 영을 지닌 만물의 영장임에는 틀림이 없지만 여전히 인간은 피조물입니다.

인간은 만물을 다스리는 위치에 있었지만 하나님의 다스림 아래 있어야 하는 존재입니다.

"사람이 분수를 알아야지" 라고 우리는 곧잘 말하곤 합니다.

우리는 우리의 자리와 위치를 알아야 합니다.

우리의 자리와 위치는 하나님의 다스림 아래에서 만물을 다스리는 위치입니다. 그런데 하나님과 맞먹으려는 교만이 마음에 들어왔습니다.

그 유혹을 받아 드리고 유혹에 넘어간 것입니다.

하나님 앞에서는 교만이 무서운 죄입니다.

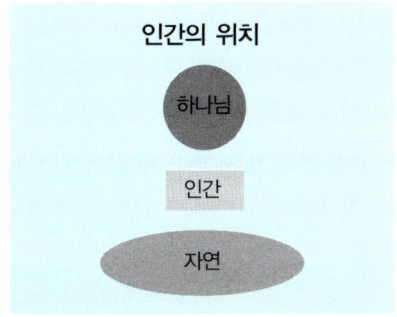

벧전 5:5, 젊은 자들아 이와 같이 장로들에게 순복하고 다 서로 겸손으로 허리를 동이라 하나님이 교만한자를 대적하시되 겸손한 자들에게는 은혜를 주시니라

사람의 마음에 교만이 들어 오게 된 것은 타락한 모습이며 영적 건강을 상실한 모습입니다. 한 번 회개하고 치유된 영일지라도 교만하면 영이 건강할 수 없습니다.

교만하면 다시 병이 듭니다.

불신과 교만은 결국 하나님의 말씀을 버리고 불순종하는 행위로 발전합니다.

아담과 하와는 하나님이 따 먹지 말라 하신 열매를 따 먹게 됩니다.

순종은 하나님의 축복을 불러 오지만 불순종은 저주를 불러 옵니다.

신 11:27, 너희가 만일 내가 오늘날 너희에게 명하는 너희 하나님 여호와의 명령을 들으면 복이 될 것이요
28, 너희가 만일 내가 오늘날 너희에게 명하는 도에서 돌이켜 떠나 너희 하나님 여호와의 명령을 듣지 아니하고 본래 알지 못하던 다른 신들을 좇으면 저주를 받으리라
29, 네 하나님 여호와께서 네가 가서 얻을 땅으로 너를 인도하여 들이실 때에 너는 그리심 산에서 축복을 선포하고 에발 산에서 저주를 선포하라

불신과 교만과 불순종으로 하나님과의 친교를 잃어버리므로 영이 죽고 병들게 되었고 마귀의 영향을 받는 마음 즉 혼이 또한 병들게 되었습니다.

2) 자범죄

우리의 근본적인 죄는 하나님을 불신하고 교만하여 하나님 말씀에 불순종한 것입니다. 그러나 그 열매는 악하고 다양합니다.

우리가 회개할 때는 근본적인 죄와 그에 따른 죄의 열매들도 뉘우치고 고백해야 합니다.

그러기에 죄가 어떻게 시작되어 어떤 열매를 가져왔는지 알아볼 필요가 있습니다.

우리가 하나님을 불신하여 떠났다는 것은 단순히 하나님을 떠났다는 것만 의미하는 것이 아닙니다.

하나님을 불신하고 마귀를 믿게 되고 하나님을 떠나 마귀에게 복속되었다는 것이 더 큰 문제입니다. 그래서 우리의 심령이 마귀의 지배와 영향력 아래 놓이게 되었습니다. 그리고 마귀의 충동과 시험 아래 우리는 숱한 죄악을 산출하며 살아 갑니다.

우리가 산출하고 행한 죄를 자범죄라고 부르는데 이 자범죄도 혼자 짓는 것이 아니고 마귀와 더불어 짓습니다. 어쨌든 우리 삶에서 저지르는 모든 죄들을 회개해야 합니다.

우리의 죄를 잘 지적하여 준 말씀이 로마서 1장입니다.

롬 1:21, 하나님을 알되 하나님으로 영화롭게도 아니하며 감사치도 아니하고 오히려 그 생각이 허망하여지며 미련한 마음이 어두워졌나니
22, 스스로 지혜 있다 하나 우준하게 되어
23, 썩어지지 아니하는 하나님의 영광을 썩어질 사람과 금수와 버러지 형상의 우상으로 바꾸었느니라

첫째는 우상숭배와 그와 같은 것들입니다.

하나님을 섬겨야 할 우리가 하나님을 배척하고 나서 우상을 섬기게 되었다는 것입니다.

하나님 외에 다른 신이나 피조물을 섬김의 대상으로 하는 것을 우상숭배라 합니다.

우리의 생각이 허망하여져서 창조주 하나님을 섬기지 않고 도리어 피조물이나 헛된 신을 섬긴다는 것입니다.

온갖 미신, 잡신, 주술행위, 무당 행위, 점술, 강신술, 심지어 사탄 숭배도 있습니다.

롬 1:26, 이를 인하여 하나님께서 저희를 부끄러운 욕심에 내어 버려 두셨으니 곧 저희 여인들도 순리대로 쓸 것을 바꾸어 역리로 쓰며
27, 이와 같이 남자들도 순리대로 여인 쓰기를 버리고 서로 향하여 음욕이 불일 듯 하매 남자가 남자로 더불어 부끄러운 일을 행하여 저희의 그릇됨에 상당한 보응을 그 자신에 받았느니라

둘째로 죄의 큰 줄기는 온갖 성적 타락입니다.

최초의 인간관계인 부부관계의 파괴로 시작되는 성적 타락을 성경은 죄의 큰 줄기로 지적합니다.

성을 순리로 쓰지 않고 역리로 쓰게 되었다는 것입니다.

결혼한 남녀가 성을 통하여 하나가 되어 사랑하고 존중하며 사는 것이 부부의 삶입니다. 부부가 함께 누리는 것이 성의 순리입니다.

하나님을 중심에 두지 않고 마귀의 영향을 받으면서 인간들은 성을 순리로 쓰지 않고 역리 즉 하나님의 창조의 섭리에 어긋나게 사용하게 되어 인간 파괴를 가져오게 됩니다.

간음, 강간, 동성연애, 성 매매, 스와핑, 포르노 등 온갖 성과 관련된 죄악들이 무성하게 되고 이러한 성적 죄악은 인간성을 파괴하고 많은 영과 혼의 질병을 가져 옵니다.

성에서 거룩해야 영과 혼이 건강하게 됩니다.

28, 또한 저희가 마음에 하나님 두기를 싫어하매 하나님께서 저희를 그 상실한 마음대로 내어 버려 두사 합당치 못한 일을 하게 하셨으니
29, 곧 모든 불의, 추악, 탐욕, 악의가 가득한 자요 시기, 살인, 분쟁, 사기, 악독이 가득한 자요 수군수군하는 자요
30, 비방하는 자요 하나님의 미워하시는 자요 능욕하는 자요 교만한 자요 자랑하는 자요 악을 도모하는 자요 부모를 거역하는 자요
31, 우매한 자요 배약하는 자요 무정자요 무자비한 자라
32, 저희가 이같은 일을 행하는 자는 사형에 해당하다고 하나님의 정하심을 알고도 자기들만 행할 뿐 아니라 또한 그 일을 행하는 자를 옳다하느니라

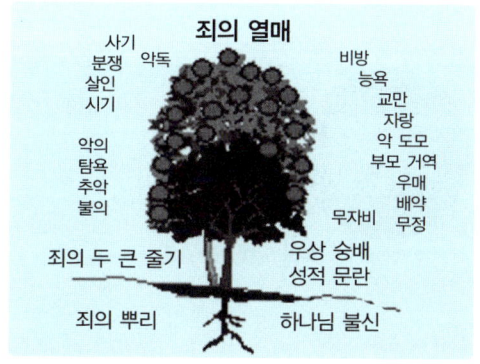

그리고 나서 온갖 악과 추한 생각과 말과 행동의 죄를 산출한다는 점입니다.

불의, 추악, 탐욕, 악의, 시기, 살인 분쟁, 사기, 악독, 비방, 능욕, 교만, 자랑, 악 도모, 부모 거역, 우매, 배약, 무정, 무자비 등의 죄를 삶의 전반에 걸쳐서 지으면서 살게 된 것입니다.

성경에 보면 "하나님께서 버려 두시면롬1:24, 26" 이런 죄를 산출한다고 말합니다.

하나님을 떠나 마귀에게 마음을 빼앗긴 채로 버려 두면 끝없이 죄를 산출하게 되고 그러면 우리의 영은 고침 받지 못하고 죄 가운데서 영적 고통을 안고 산다는 것입니다

3) 죄의 심층

우리의 죄를 다른 각도에서 보면 죄는 심층적으로 깊다는 것입니다.

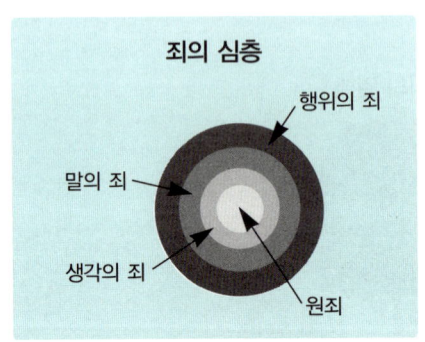

롬 14:23, 하나님은 모든 행위와 모든 은밀한 일을 선악간에 심판하시리라

(1) 행위의 죄

죄는 행위로 나타나는 것이 많습니다. 사람들과의 관계를 해치고 행복을 빼앗는 이기적인 행동들로 죄를 짓습니다.

(2) 말의 죄

말로 짓는 죄도 많습니다.

말로 사람을 해하고 상처를 주는 일도 죄입니다.

마 12:36, 내가 너희에게 이르노니 사람이 무슨 무익한 말을 하든지 심판 날에 이에 대하여 심문을 받으리니
마 5:21, 옛 사람에게 말한 바 살인치 말라 누구든지 살인하면 심판을 받게 되리라 하였다는 것을 너희가 들었으나
22, 나는 너희에게 이르노니 형제에게 노하는 자마다 심판을 받게 되고 형제를 대하여 라가라 하는 자는 공회에 잡히게 되고 미련한 놈이라 하는 자는 지옥 불에 들어가게 되리라

(3) 생각의 죄

생각으로 짓는 죄도 많습니다.

하나님은 생각의 죄도 죄로 다루십니다.

마 5:27, 또 간음치 말라 하였다는 것을 너희가 들었으나
28, 나는 너희에게 이르노니 여자를 보고 음욕을 품는 자마다 마음에 이미 간음하였느니라

성경은 결혼 밖에서 성 행위를 한 것만이 간음죄가 아니고 성 행위를 하려고 마음에 품거나 생각한 것도 죄라고 하십니다.

(4) 원죄

이미 살펴본 대로 우리 마음의 심층에는 하나님을 불신하고 배신한 원죄가 자리잡고 있습니다.

우리가 아무런 죄 된 행동, 죄 된 말, 죄 된 생각을 안 했다고 할지라도 하나님을 배신한 것만으로도 죄인입니다.

> 렘 2:13, 내 백성이 두 가지 악을 행하였나니 곧 생수의 근원되는 나를 버린 것과 스스로 웅덩이를 판 것인데 그것은 물을 저축지 못할 터진 웅덩이니라

2. 십자가의 은혜

1) 죄를 담당하심

우리가 죄인이 되어 발생한 모든 인생의 문제들을 일거에 해결 하시려는 하나님의 사랑이 예수님입니다.

하나님의 독생자 예수님께서 이 세상에 오셔서 우리의 죄를 담당하시고 십자가에서 보혈을 뿌리신 대속의 사건이 하나님이 우리를 사랑하신 증거입니다.

> 롬 5:8, 우리가 아직 죄인 되었을 때에 그리스도께서 우리를 위하여 죽으

심으로 하나님께서 우리에게 대한 자기의 사랑을 확증하셨느니라

예수님의 죽으심은 우리를 대신하여 죽으신 대속의 죽으심이요 하나님의 사랑의 증거입니다

- 사 53:5, 그가 찔림은 우리의 허물을 인함이요 그가 상함은 우리의 죄악을 인함이라 그가 징계를 받음으로 우리가 평화를 누리고 그가 채찍에 맞음으로 우리가 나음을 입었도다
- 6, 우리는 다 양 같아서 그릇 행하며 각기 제 길로 갔거늘 여호와께서는 우리 무리의 죄악을 그에게 담당시키셨도다

하나님께서 미워하시는 것은 죄이지 죄인이 아닙니다.
하나님은 우리가 죄인임에도 불구하고 사랑하십니다.
그러나 죄인 그대로 죄를 가지고 하나님과 교제할 수는 없습니다.
죄를 지닌 채로는 하나님의 나라에 갈 수 없습니다.
하나님께서는 의로우시고 거룩하시기 때문입니다.
그래서 죄의 문제를 해결 해야만 합니다.
여기서 하나님께서 취하신 방법이 대속이라는 방법입니다.
독생자 예수님에게 대신 죄를 지우시고 예수님에게 심판과 형벌을 내리시고 대신 우리를 죄에서 사하여 주시고 해방시키시는 것입니다.
예수님께서 우리의 죄를 담당하시므로 우리를 의롭다고 인정 해주십니다. 하나님의 자녀로 받아들여집니다.

우리는 영원히 죄책에서 해방된 것입니다.

우리가 해야 할 일은 예수님의 대속을 믿는 것입니다.

우리가 회개한 모든 죄가 사하여졌음을 믿고 대속의 주님을 믿음으로 영접하는 것입니다.

> 시 103:10, 우리의 죄를 따라 처치하지 아니하시며 우리의 죄악을 따라 갚지 아니하셨으니
> 11, 이는 하늘이 땅에서 높음같이 그를 경외하는 자에게 그 인자하심이 크심이로다
> 12, 동이 서에서 먼 것같이 우리 죄과를 우리에게서 멀리 옮기셨으며
> 13, 아비가 자식을 불쌍히 여김같이 여호와께서 자기를 경외하는 자를 불쌍히 여기시나니

2) 죽음을 담당하심

예수님의 십자가는 우리의 죄를 담당하셨을 뿐만 아니라 죄 값으로 우리에게 선포된 죽음의 운명을 담당하신 것이기도 합니다.

그가 죽으심으로 우리의 죽었던 영이 살게 되고 또 우리가 영생을 얻게 되었습니다.

> 엡 2:1, 너희의 허물과 죄로 죽었던 너희를 살리셨도다

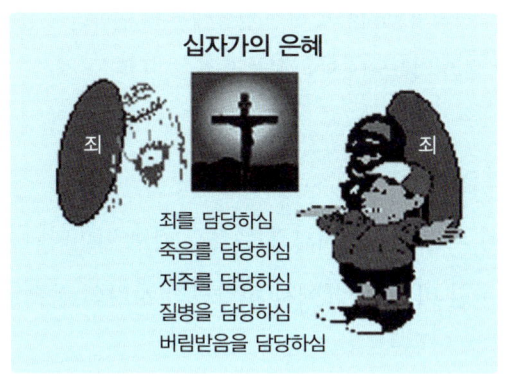

3) 저주를 담당하심

예수님의 십자가는 또한 죄 값으로 우리에게 임했던 모든 저주를 담당하심으로 우리에게 하나님의 축복을 선물하였습니다.

> 갈 3:13, 그리스도께서 우리를 위하여 저주를 받은 바 되사 율법의 저주에서 우리를 속량하셨으니 기록된 바 나무에 달린 자마다 저주 아래 있는 자라 하였음이라
> 14, 이는 그리스도 예수 안에서 아브라함의 복이 이방인에게 미치게 하고 또 우리로 하여금 믿음으로 말미암아 성령의 약속을 받게 하려 함이니라

4) 질병을 담당하심

또한 예수님의 십자가는 우리의 질병을 담당하시므로 우리에게 치유를 주셨습니다. 성경은 그가 채찍에 맞음으로 우리가 나음을 입었다고 말씀 하십니다.

> 마 8:17, 이는 선지자 이사야로 하신 말씀에 우리 연약한 것을 친히 담당하시고 병을 짊어지셨도다 함을 이루려 하심이더라

5) 버림받음을 담당하심

주님이 우리 죄를 담당하시므로 우리가 죄로 말미암아 하나님께로부터 멀어지고 버린 바 된 상태에서 하나님의 사랑의 품으로 받아들여졌습니다.

> 롬 15:7, 이러므로 그리스도께서 우리를 받아 하나님께 영광을 돌리심과 같이 너희도 서로 받으라

하나님의 사랑의 자녀로 받아들여졌다는 것은 우리가 하나님의 사랑을 받고 사는 하나님의 자녀가 되었다는 것입니다.

우리가 회개하고 예수를 믿을 때에 이 십자가의 은혜는 바로 나의 것이 됩니다.

예수 안에서 하나님이 주시는 은혜를 따라 모든 죄에서 해방되고 영생을 얻으며 저주에서 벗어나 축복을 누리는 삶을 얻고 모든 질병에서 치유되고 놓임을 받으며 하나님의 사랑으로 감격하며 살아가게 되기를 축원합니다.

여러분 회개하고 예수님을 여러분의 구세주로 영접하시기 바랍니다. 지금 다시 한번 이 믿음을 고백하시기 바랍니다.

고백과 기도의 시간

이 강의가 끝난 후에는 각자가 자기 입을 열어 죄를 고백하고 예수님을 영접하는 기도를 하게 인도합니다.

말씀에 비추어 깨달은 죄 생각 나는 모든 죄를 회개하고 고백하도록 인도하여 줍니다. 그리고 기도하는 시간을 충분히 갖습니다.

제3강
성령 충만함을 받으라

우리가 하나님의 자녀가 되어 산다는 것은 다른 차원에서는 하나님의 영이신 성령님을 모시고 산다는 것입니다.

회개한 마음에 성령님을 모셔 들이기를 바랍니다.

1. 성령님은 누구신가?

구약성경에서는 장차 하나님의 신 하나님의 영을 만민에게 부어 준다고 약속하셨고 오순절 날의 성령 강림은 그 약속이 성취된 것이라고 기록합니다. 성령이란 만민에게 부어 주시는 하나님의 신 하나님의 영을 가리킵니다. 하나님께서는 한 분이시면서도 만민을 만나시기 위해 만민에게 하나님의 영을 부어 주십니다.

욜 2:28, 그 후에 내가 내 신을 만민에게 부어 주리니 너희 자녀들이 장래 일을 말할 것이며 너희 늙은이는 꿈을 꾸며 너희 젊은이는 이상을 볼 것이며

29, 그 때에 내가 또 내 신으로 남종과 여종에게 부어 줄 것이며

행 2:17, 하나님이 가라사대 말세에 내가 내 영으로 모든 육체에게 부어 주리니 너희의 자녀들은 예언할 것이요 너희의 젊은이들은 환상을 보고 너희의 늙은이들은 꿈을 꾸리라

18, 그 때에 내가 내 영으로 내 남종과 여종들에게 부어 주리니 저희가 예언할 것이요

행 1:4, 사도와 같이 모이사 저희에게 분부하여 가라사대 예루살렘을 떠나지 말고 내게 들은 바 아버지의 약속하신 것을 기다리라

5, 요한은 물로 세례를 베풀었으나 너희는 몇 날이 못되어 성령으로 세례를 받으리라 하셨느니라

행 2:1, 오순절날이 이미 이르매 저희가 다 같이 한 곳에 모였더니

2, 홀연히 하늘로부터 급하고 강한 바람 같은 소리가 있어 저희 앉은 온 집에 가득하며

3, 불의 혀같이 갈라지는 것이 저희에게 보여 각 사람 위에 임하여 있더니

4, 저희가 다 성령의 충만함을 받고 성령이 말하게 하심을 따라 다른 방언으로 말하기를 시작하니라

성령님은 만민에게 부어주신 하나님의 영이십니다.

2. 성령님은 우리를 어떻게 도우시는가?

1) 회개케 하신다

요 16:8, 그가 와서 죄에 대하여, 의에 대하여, 심판에 대하여 세상을 책망하시리라

성령께서 오셔서 제일 먼저 우리를 도와 주시는 것은 책망의 영으로 오시고 회개의 영으로 오셔서 우리가 죄를 깨닫고 회개하도록 도와 주십니다.

여러분 우리가 이미 본대로 인간은 모두가 죄인 입니다.

그런데 죄인인줄 깨닫는 사람은 많지 않으며 회개하는 사람은 더 없습니다. 성령께서 깨우치시므로 진정 죄인임을 통감하고 회개하게 되는 것입니다.

여러분이 회개하였다면 이미 성령의 은혜를 받기 시작한 것입니다.

2) 거듭나게 하신다

요 3:5, 예수께서 대답하시되 진실로 진실로 네게 이르노니 사람이 물과 성령으로 나지 아니하면 하나님 나라에 들어갈 수 없느니라

성령께서는 죄를 회개하도록 인도하시고 회개하고 예수님을 구주로 믿게 하시면서 죽어 있던 영혼을 살리시므로 우리를 거듭나게 하십니다.

거듭난다는 말은 두 번 태어난다는 것인데 한 번은 육신의 부모의 몸을 통하여 육신적으로 태어나는 것을 말하고 거듭나는 것은 성령으로 말미암아 우리의 영이 태어나는 것을 말합니다.

사실은 죽었던 영을 살리는 것이지요. 영적으로 살아나는 것을 거듭 난다고 말하는데 성령께서 하시는 은혜입니다.

3) 진리로 인도하신다
요 16:13, 그러하나 진리의 성령이 오시면 그가 너희를 모든 진리 가운데로 인도하시리니 그가 자의로 말하지 않고 오직 듣는 것을 말하시며 장래 일을 너희에게 알리시리라
요 14:26, 보혜사 곧 아버지께서 내 이름으로 보내실 성령 그가 너희에게 모든 것을 가르치시고 내가 너희에게 말한 모든 것을 생각나게 하시리라

성령께서 우리를 도우시는 일은 이제 하나님의 말씀, 진리를 깨닫게 하시고 생각나게 하시고 진리 가운데로 인도하시는 것입니다.
성경 말씀의 진리를 깨닫게 도와 주십니다.
성령의 은혜가 아니고는 성경을 깨닫지 못합니다.
성령은 하나님의 말씀을 가르쳐 주시고 진리 가운데로 하나님 뜻으로 하나님 마음으로 이끌어 주십니다.

4) 기도를 도와 주신다
롬 8:26, 이와 같이 성령도 우리 연약함을 도우시나니 우리가 마땅히 빌 바를 알지 못하나 오직 성령이 말할 수 없는 탄식으로 우리를 위하여 친히 간구하시느니라
27, 마음을 감찰하시는 이가 성령의 생각을 아시나니 이는 성령이 하나님

의 뜻대로 성도를 위하여 간구하심이니라

성령께서는 또한 우리의 기도를 도와 주십니다.

우리가 어떻게 기도해야 할지 모르기 때문에 성령께서 우리를 위하여 기도해 주신다는 것입니다.

우리는 때로 우리 욕심으로만 기도합니다.

그러나 성령은 하나님의 뜻을 알기에 하나님의 뜻에 맞추어 기도하게 합니다.

동시에 우리의 사정도 아시기에 우리에게 선한 것을 위하여 기도합니다. 완전한 중보자가 되는 것이지요. 따라서 우리가 성령을 받으면 우리의 기도와 성령의 기도가 일치되어 하나님과 교제가 깊어지고 응답이 속히 이루어지는 것입니다.

5) 확증하여 주신다

롬 8:16, 성령이 친히 우리 영으로 더불어 우리가 하나님의 자녀인 것을 증거하시나니

성령께서는 우리에게 믿음을 주십니다.

성령이 우리 마음에 오시어 우리가 하나님의 자녀인 것을 확신할 수 있도록 도와 주십니다. 성령 받으면 믿지 말라고 해도 믿게 됩니다.

성령은 하나님의 영이고 성령 받으면 하나님을 확신하게 됩니다.

6) 죄에서 해방시키신다

롬 8:1, 그러므로 이제 그리스도 예수 안에 있는 자에게는 결코 정죄함이 없나니
2, 이는 그리스도 예수 안에 있는 생명의 성령의 법이 죄와 사망의 법에서 너를 해방하였음이라

성령께서는 우리가 죄의 세력으로부터 해방되어 죄를 이기며 살도록 도와 주십니다.

죄에도 세력이 있습니다.

죄를 짓게 하는 힘, 마귀의 힘이 우리를 지배하면 우리가 원하든 원하지 않든 죄를 짓게 됩니다.

유혹을 이기지 못합니다. 그러나 성령이 우리에게 임하시면 성령께서 마귀의 일을 멸하시고 죄의 세력에서 우리의 심령을 해방시키시고 죄를 이길 능력을 주십니다. 성령 받으면 미움은 사라집니다.

성령 받으면 거짓이 사라집니다. 성령 받으면 헛된 욕망이 사라집니다.

7) 전도의 능력을 주신다

행 1:8, 오직 성령이 너희에게 임하시면 너희가 권능을 받고 예루살렘과 온 유대와 사마리아와 땅 끝까지 이르러 내 증인이 되리라 하시니라

성령은 전도의 능력을 주십니다. 전도는 기술로 말솜씨로 하는 것이 아니라 성령의 은혜와 감동과 능력으로 하게 됩니다.

8) 사역을 위하여 각양 은사를 주신다

고전 12:4, 은사는 여러 가지나 성령은 같고
5, 직임은 여러 가지나 주는 같으며
6, 또 역사는 여러 가지나 모든 것을 모든 사람 가운데서 역사하시는 하나님은 같으니
7, 각 사람에게 성령의 나타남을 주심은 유익하게 하려 하심이라

성령은 우리가 하나님 나라의 일꾼이 되어 하나님 나라의 일을 할 수 있도록 능력을 주십니다. 이를 성령의 은사라고 하는데 성령의 은사를 받으면 하나님 나라의 일을 할 수 있는 능력과 지혜와 영감이 생깁니다.

3. 성령 받을 때 왜 방언을 주시는가? 방언은 무엇인가?

성령이 임하시고 사람들이 성령을 받을 때 많은 경우 방언을 하게 되었다는 기록이 있습니다. 오순절 날에도 성령이 임하시자 성령의 충만을 받은 사람들이 방언으로 말하였다고 기록합니다.

행 2:1, 오순절날이 이미 이르매 저희가 다 같이 한 곳에 모였더니
2, 홀연히 하늘로부터 급하고 강한 바람 같은 소리가 있어 저희 앉은 온 집에 가득하며
3, 불의 혀같이 갈라지는 것이 저희에게 보여 각 사람 위에 임하여 있더니
4, 저희가 다 성령의 충만함을 받고 성령이 말하게 하심을 따라 다른 방언으로 말하기를 시작하니라

이방인들에게도 성령을 부어 주셨는데 방언을 말하며 하나님을 찬양하였다고 기록하고 있습니다.

> 행 10:45, 베드로와 함께 온 할례받은 신자들이 이방인들에게도 성령 부어 주심을 인하여 놀라니
> 46, 이는 방언을 말하며 하나님 높임을 들음이러라

에베소 교인들에게 바울 사도가 안수하매 성령을 받게 되었는데 이때도 예언도 하고 방언도 하였습니다.

> 행 19:2, 가로되 너희가 믿을 때에 성령을 받았느냐 가로되 아니라 우리는 성령이 있음도 듣지 못하였노라 3, 바울이 가로되 그러면 너희가 무슨 세례를 받았느냐 대답하되 요한의 세례로라
> 4, 바울이 가로되 요한이 회개의 세례를 베풀며 백성에게 말하되 내 뒤에 오시는 이를 믿으라 하였으니 이는 곧 예수라 하거늘
> 5, 저희가 듣고 주 예수의 이름으로 세례를 받으니
> 6, 바울이 그들에게 안수하매 성령이 그들에게 임하시므로 방언도 하고 예언도 하니
> 7, 모두 열두 사람쯤 되니라

대체로 성령이 임하면 사람들이 성령을 받으면서 방언도 받게 되는 것이 보편적인 현상입니다. 그래서 우리에게도 성령이 임하면서 방언을 하게 되는 일이 있을 터인데 방언이 무엇인지 이해해야 당황하지 않고 그 은혜를 받아드리고 사용하게 될 것 같습니다. 그러면 방언은 무엇일까요?

1) 믿음을 일으키는 표적

성령을 부어 주실 때 방언을 주시는 것은 하나님의 임재의 표적으로 주시는 것입니다.

방언이 어떤 사람에게 임했다는 것은 성령이 임했다는 것을 보여 주는 것입니다. 그래서 믿음이 없던 사람들이 믿음을 얻게 됩니다.

확신이 생깁니다.

믿는 자에게 따르는 표적 중에 하나가 방언이라고 말씀 하시고 방언은 믿음이 없거나 적은 자들을 위하여 주시므로 믿음이 뜨거워지게 하는 하나님 임재의 표적의 역할을 한다는 것입니다.

방언 받고 믿음이 미지근한 사람은 없습니다.

> 막 16:17, 믿는 자들에게는 이런 표적이 따르리니 곧 저희가 내 이름으로 귀신을 쫓아내며 새 방언을 말하며
> 고전 14:22, 그러므로 방언은 믿는 자들을 위하지 않고 믿지 아니하는 자들을 위하는 표적이나 예언은 믿지 아니하는 자들을 위하지 않고 믿는 자들을 위함이니

2) 영으로 하는 기도

그렇다고 방언이 단순한 표적만은 아닙니다.

방언은 표적이면서 동시에 유익한 선물로서 방언은 하나님께 말하는 기도의 은사입니다.

방언은 우리의 영을 이끌어서 기도하게 하는 영적 기도 입니다.

방언은 기도의 은사로서 우리의 기도 생활을 풍성하게 해줍니다.

성령께서 우리의 입술을 통하여 드리는 기도입니다.

성령께서 우리의 영을 이끌어 기도하게 하시는 것입니다.

성령께서 드리는 기도를 우리도 할 수 있게 하는 은사입니다.

따라서 우리가 못 알아 들어도 우리 속의 영이 기도하며 하나님을 만나는 신비한 은사입니다.

고전 14:2, 방언을 말하는 자는 사람에게 하지 아니하고 하나님께 하나니 이는 알아듣는 자가 없고 그 영으로 비밀을 말함이니라

롬 8:26, 이와 같이 성령도 우리 연약함을 도우시나니 우리가 마땅히 빌 바를 알지 못하나 오직 성령이 말할 수 없는 탄식으로 우리를 위하여 친히 간구하시느니라

27, 마음을 감찰하시는 이가 성령의 생각을 아시나니 이는 성령이 하나님의 뜻대로 성도를 위하여 간구하심이니라

3) 하나님 증거로 사람에게 하는 방언

방언 중에서 어떤 경우는 사람이 알아 들을 수 있는 언어로 선포 되어서 하나님을 증거하는 방언도 있습니다.

오순절 날에 임한 방언은 거기 모인 사람들이 각자 자기 나라 말로 하나님의 영광스러운 일을 듣도록 방언이 나왔습니다.

기록에도 종종 그 나라 말을 배우지 않았는데 성령으로 그 나라의 언

어로 전도하게 하시는 경우가 있어 왔습니다.

> 행 2:11, 그레데인과 아라비아인들이라 우리가 다 우리의 각 방언으로 하나님의 큰 일을 말함을 듣는도다 하고

4) 통역을 대동한 방언은 예언

통역을 두고 사람에게 하는 하나님의 예언적 메시지 기능으로 방언을 사용하게 하시는 경우가 있습니다.

초대교회에서는 예배 시간에 공식적으로 방언하고 통역하면서 하나님의 뜻을 받고 순종하려는 일들이 있었습니다.

오늘날 영계가 혼탁한 시대에 이 예언적 기능으로서의 방언과 통역은 많이 사용되지 않고 있지만 통역을 주시고 방언을 하게 하시면 예언의 은사로 사용됩니다.

> 고전 14:27, 만일 누가 방언으로 말하거든 두 사람이나 다불과 세 사람이 차서를 따라 하고 한 사람이 통역할 것이요
> 28, 만일 통역하는 자가 없거든 교회에서는 잠잠하고 자기와 및 하나님께 말할 것이요

오늘날 보편적으로 가장 많이 사용되는 경우로는 기도의 은사로서의 방언입니다. 그리고 이 기도의 은사로서의 방언은 누구나 받을 수 있고 모두가 받아도 시험될 것이 없습니다.

자신의 기도생활을 풍성하게 해 주는 은사이기 때문에 다른 사람에게 직접적으로 끼치는 영향은 없습니다.

여러분 모두 방언의 은사를 받으시고 기도생활이 더욱 풍성하게 되기를 바랍니다. 그러면 언제 어떻게 성령을 받게 되나요?

정답은 하나님께서 주실 때 받습니다. 그러나 대체로 하나님께서 성령을 부어주시는 계기가 있습니다. 이제 그것을 이해하도록 하지요.

4. 언제 어떻게 성령을 받는가?

1) 회개할 때
행 2:38, 베드로가 가로되 너희가 회개하여 각각 예수 그리스도의 이름으로 세례를 받고 죄 사함을 얻으라 그리하면 성령을 선물로 받으리니

베드로를 통한 설교에서 회개하면 성령을 선물로 받을 것이라고 선포합니다. 오늘 모두 회개하고 성령을 받게 되기를 바랍니다.

2) 간구할 때
눅 11:13, 너희가 악할지라도 좋은 것을 자식에게 줄 줄 알거든 하물며 너희 천부께서 구하는 자에게 성령을 주시지 않겠느냐 하시니라

기도할 때 성령을 주신다고 약속하셨습니다. 오늘 우리가 열심으로 사모하며 기도하여 다 성령의 충만을 받으십시다.

3) 합심하여 공동체로 기도할 때

행 1:14, 여자들과 예수의 모친 마리아와 예수의 아우들로 더불어 마음을 같이하여 전혀 기도에 힘쓰니라

행 4:24, 저희가 듣고 일심으로 하나님께 소리를 높여 가로되 대주재여 천지와 바다와 그 가운데 만유를 지은 이시요

행 4:31, 빌기를 다하매 모인 곳이 진동하더니 무리가 다 성령이 충만하여 담대히 하나님의 말씀을 전하니라

기도할 때 성령을 주시는데 특히 공동체로 합심하여 기도할 때 더욱 성령을 부어 주시는 것을 알 수 있습니다. 오늘 우리가 공동체로 모였습니다. 오늘 함께 한 마음으로 성령을 구하여 기도하면서 성령충만을 받읍시다.

4) 말씀을 들을 때에

행 10:44, 베드로가 이 말 할 때에 성령이 말씀 듣는 모든 사람에게 내려 오시니

45, 베드로와 함께 온 할례받은 신자들이 이방인들에게도 성령 부어 주심을 인하여 놀라니

46, 이는 방언을 말하며 하나님 높임을 들음이러라

이 경우는 말씀을 선포할 때 성령이 임하였다고 기록합니다.
말씀 듣는 중에 성령이 임하시기도 합니다.
여러분 이미 말씀 듣는 중에 성령이 여러분에게 임하였습니다.
성령 받은 체험이 이미 있는 분들이 있을 것입니다.

5) 성령 받은 자가 안수할 때
행 8:17, 이에 두 사도가 저희에게 안수하매 성령을 받는지라
행 19:6, 바울이 그들에게 안수하매 성령이 그들에게 임하시므로 방언도 하고 예언도 하니

사도행전에 보면 성령 받은 사도들이 안수할 때 사람들이 성령을 받았다는 기록이 자주 있습니다.

성령의 은혜는 전수되는 것 같습니다.

성령 받은 자가 안수하여 기도할 때 성령을 내려 주시는 것입니다.

오늘 우리가 합심으로 기도할 것이고 기도하는 중에 먼저 성령 받고 방언 받은 리더들이 여러분의 몸에 손을 얹고 함께 기도할 것입니다.

모두 성령의 충만함을 받는 시간이 되기를 바랍니다.

기도의 시간
이 강의가 끝나고 나서는 성령을 받기를 사모하며 부르짖는 통성기도의 시간을 갖습니다. 열심히 기도하는 시간을 가지고 성령 받고 방언 받도록 기도합니다. 그리고 나서는 성령 받고 방언 받은 사람을 확인합니다.

방언 받기를 원하는 사람은 손들어 표시하게 하고 그 사람의 조원들은 그 주위에 모여(이미 조별로 앉아있습니다) 그에게 안수하며 (이 때 머리에 안수하지 아니하고 등에 어깨에 공동으로 안수하며) 함께 방언으로 기도합니다.

제4강
새로 세워가는 인생

1. 새로운 피조물

요 3:3, 예수께서 대답하여 가라사대 진실로 진실로 네게 이르노니 사람이 거듭나지 아니하면 하나님 나라를 볼 수 없느니라

4, 니고데모가 가로되 사람이 늙으면 어떻게 날 수 있삽나이까 두 번째 모태에 들어갔다가 날 수 있삽나이까

5, 예수께서 대답하시되 진실로 진실로 네게 이르노니 사람이 물과 성령으로 나지 아니하면 하나님 나라에 들어갈 수 없느니라

6, 육으로 난 것은 육이요 성령으로 난 것은 영이니

7, 내가 네게 거듭나야 하겠다 하는 말을 기이히 여기지 말라

8, 바람이 임의로 불매 네가 그 소리를 들어도 어디서 오며 어디로 가는지 알지 못하나니 성령으로 난 사람은 다 이러하니라

예수님께서는 거듭나야 하나님의 나라의 백성이 된다고 말씀 하셨습니다. 거듭 난다는 것은 두 번 난다는 것입니다.

우리가 육신적으로 한 번 태어났지만 이미 본 것처럼 우리의 영이 죽은 채로의 인간이기 때문에 영적으로 한 번 더 태어나야 한다는 것입니다. 육으로 난 것은 육이요 성령으로 난 것이 영이므로 성령의 은혜로 영적으로 살아나야 한다는 것입니다. 여기 물과 성령으로 거듭나야 한다고 말합니다. 물은 물세례 즉 회개의 세례를 나타냅니다. 그러므로 회개하고 예수님의 대속의 은혜를 받는 것을 의미한다고 봅니다.

엡 5:26, 이는 곧 물로 씻어 말씀으로 깨끗하게 하사 거룩하게 하시고

그리고는 성령으로 거듭납니다.

우리가 회개하고 예수를 믿을 때에 성령을 받아서 우리의 죽었던 영이 살아나게 됨을 의미합니다.

성경은 또 이렇게 가르칩니다.

거듭난 인생

육으로 난자	영으로 난자
물과	성령으로
회개하고	성령받고
과거를 지우고	새로 쓰고

행 2:38, 베드로가 가로되 너희가 회개하여 각각 예수 그리스도의 이름으로 세례를 받고 죄 사함을 얻으라 그리하면 성령을 선물로 받으리니

회개하고 예수를 믿어 세례를 받고 죄 사함을 받으라고 합니다.

그리고는 성령을 받으라는 것입니다.

회개하고 예수 믿어 세례를 받으므로 사죄함을 받으며 동시에 성령으로 난 자가 되어 즉 영적으로 거듭난 자가 되는 것입니다.

그럼 회개하는 일을 다시 구체적으로 정리해 보지요.

첫째, 회개는 하나님께로 돌아오는 것입니다.

마귀에게 마음을 주었던 일을 뉘우치고 마귀와 죄를 끊고 하나님께로 돌아와 하나님을 믿고 겸손히 받들며 순종하기로 결단하는 것입니다.

> 사 44:22, 내가 네 허물을 빽빽한 구름의 사라짐 같이, 네 죄를 안개의 사라짐 같이 도말하였으니 너는 내게로 돌아오라 내가 너를 구속하였음이니라

회개

마귀를 거절하고 하나님께로 돌아가는 결단

모든 죄를 자백하여 용서를 구하는 고백

십자가의 사죄를 믿고 예수님을 영접하는 기도

둘째, 회개는 자신의 모든 죄를 하나님 앞에 자백하는 것입니다.

죄의 뿌리로부터 열매를 살펴 본 것같이 또 원죄로부터 생각의 죄

말의 죄, 행위의 죄 등 자범죄를 모두 하나님 앞에 내어놓고 자백하는 것입니다.

요일 1:9, 만일 우리가 우리 죄를 자백하면 저는 미쁘시고 의로우사 우리 죄를 사하시며 모든 불의에서 우리를 깨끗케 하실 것이요

셋째는 이 모든 죄를 예수님이 담당하시고 사해 주심을 믿고 예수님을 구세주로 믿고 고백하는 것입니다.

막 1:15, 가라사대 때가 찼고 하나님 나라가 가까왔으니 회개하고 복음을 믿으라 하시더라

우리는 자신의 죄를 회개하고 우리 죄를 담당해 주신 예수님을 우리의 주로 마음에 영접하여 믿으며 성령을 받아야겠습니다.
그러면 성령은 어떻게 받습니까?
우리가 진심으로 회개하고 예수님을 믿으며 마음에 모실 때 성령님이 우리에게 오시는 것입니다. 그러나 성령님이 오신 확신이 없을 때는 성령님이 오시기를 간절히 기도해야 합니다.
우리는 이미 이 과정의 말씀을 안내 받고 그렇게 회개하고 십자가의 은혜로 구원 받고 또 성령을 받았습니다.
그렇다면 여러분의 인생은 거듭난 생명, 새로워진 인생입니다.

고후 5:17, 그런즉 누구든지 그리스도 안에 있으면 새로운 피조물이라 이

전 것은 지나갔으니 보라 새 것이 되었도다

2. 새로운 인생

이제 우리는 새로운 피조물로서 새로운 인생을 세워가야 합니다.

새 인생을 살아가야 합니다.

어떻게 새 인생을 세워가야 할까요?

1) 버리라

무엇보다 먼저 버릴 것을 버려야 합니다.

옛사람 그대로 살아서는 안됩니다.

옛사람을 벗어 버려야 합니다.

우리가 먼저 버려야 할 것은 예수를 믿기 전에 가졌던 과거의 일을 떨쳐 버리는 것입니다.

(1) 뒤에 있는 것을 잊어 버리라

빌 3:13, 형제들아 나는 아직 내가 잡은 줄로 여기지 아니하고 오직 한 일 즉 뒤에 있는 것은 잊어버리고 앞에 있는 것을 잡으려고

14, 푯대를 향하여 그리스도 예수 안에서 하나님이 위에서 부르신 부름의 상을 위하여 좇아가노라

과거의 자랑도 잊어 버리라 우리는 과거의 어떤 성공이나 자랑거리에

안주해서는 안됩니다

  과거의 실패도 잊어 버리라 또한 과거의 실패에 사로잡혀 살아서도 안됩니다.

  지난 날의 영광도 실패도 다 잊어 버리고 새로운 차원의 삶을 살아가기로 결단 해야 합니다.

  (2) 옛사람을 벗어 버리라
  엡 4:22, 너희는 유혹의 욕심을 따라 썩어져 가는 구습을 좇는 옛 사람을 벗어 버리고
  23, 오직 심령으로 새롭게 되어
  24, 하나님을 따라 의와 진리의 거룩함으로 지으심을 받은 새 사람을 입으라

다음으로는 옛사람을 벗어 버려야 합니다.

  옛 사람이란 예수 믿기 이전의 사람, 인간의 욕심대로 살아가는 육신적인 인생을 벗어나야 한다는 것입니다.

  죄 된 옛 습관을 벗어 버리라

  롬 6:6, 우리가 알거니와 우리 옛 사람이 예수와 함께 십자가에 못 박힌 것은 죄의 몸이 멸하여 다시는 우리가 죄에게 종 노릇 하지 아니하려 함이니
  7, 이는 죽은 자가 죄에서 벗어나 의롭다 하심을 얻었음이니라
  엡 2:2, 그 때에 너희가 그 가운데서 행하여 이 세상 풍속을 좇고 공중의 권세 잡은 자를 따랐으니 곧 지금 불순종의 아들들 가운데서 역사하는 영이라

이를 위하여는 무엇보다도 옛날 죄 된 습관을 벗어 버려야 합니다.

술/담배/마약/도박/포르노/매체중독 등 좋지 못한 옛 습관을 벗어 버려야 합니다.

옛 삶의 근거를 벗어 버리라

> 창 12:1, 여호와께서 아브람에게 이르시되 너는 너의 본토 친척 아비 집을 떠나 내가 네게 지시할 땅으로 가라

다음에는 우리의 불신앙적 삶의 근거를 벗어 버려야 합니다.

여러분은 지금까지 무엇을 의지하고 살았습니까?

대 부분 땅을 믿고 헛된 재물을 의지하고 사는 가치관을 가지고 살았을 것입니다.

이러한 것들은 진정한 삶의 근거가 되지 못합니다.

우리는 하나님을 믿고 의지하며 살아가는 삶으로 새로워져야 합니다.

또한 헛된 영광을 구하여 허영으로 사는 삶을 버려야 합니다.

세상 허영심을 버리고 성실한 신앙의 삶으로 새로 시작해야 합니다.

헛된 지식이나 헛된 꿈도 버리고 하나님 말씀대로 살아야 합니다.

땅/헛된 재물 등을 의지하는 삶에서 하나님을 의지하는 삶으로 바꾸어야 합니다.

> 시 39:6, 진실로 각 사람은 그림자같이 다니고 헛된 일에 분요하며 재물을 쌓으나 누가 취할는지 알지 못하나이다

잠 11:28, 자기의 재물을 의지하는 자는 패망하려니와 의인은 푸른 잎사귀 같아서 번성하리라

잠 23:5, 네가 어찌 허무한 것에 주목하겠느냐 정녕히 재물은 날개를 내어 하늘에 나는 독수리처럼 날아가리라

잠 3:9, 네 재물과 네 소산물의 처음 익은 열매로 여호와를 공경하라

헛된 영광을 구하고 허영에 사는 삶은 청산해야 합니다.

갈 5:26, 헛된 영광을 구하여 서로 격동하고 서로 투기하지 말지니라

헛된 지식을 포기하고 겸손히 하나님을 아는 지식을 추구해야 합니다.

전 2:21, 어떤 사람은 그 지혜와 지식과 재주를 써서 수고하였어도 그 얻은 것을 수고하지 아니한 자에게 업으로 끼치리니 이것도 헛된 것이라 큰 해로다

헛된 꿈을 버리고 하나님께 소망을 두고 살아가야 합니다.

전 5:7, 꿈이 많으면 헛된 것이 많고 말이 많아도 그러하니 오직 너는 하나님을 경외할지니라

2) 바꾸라

(1) 삶의 중심을 바꾸라

버릴 것을 버렸으면 바꿀 것을 바꾸는 작업을 해야 합니다.

새 삶의 근거

먼저 삶의 근거를 바꾸어야 합니다.

우리의 삶의 근거가 땅이나 재물이나 이 세상의 욕망이 아니고 예수님이 되어야 합니다.

예수님으로 살고 예수님 때문에 사는 인생이 되게 하십시오.

> 갈 2:20, 내가 그리스도와 함께 십자가에 못 박혔나니 그런즉 이제는 내가 산 것이 아니요 오직 내 안에 그리스도께서 사신 것이라 이제 내가 육체 가운데 사는 것은 나를 사랑하사 나를 위하여 자기 몸을 버리신 하나님의 아들을 믿는 믿음 안에서 사는 것이라

영원한 가치

세상적 가치(돈, 명예, 권세) 헛된 영광을 구하는 삶을 살아갈 것이 아니라 영원한 가치 영생을 추구해야 합니다.

> 요 6:27, 썩은 양식을 위하여 일하지 말고 영생하도록 있는 양식을 위하여 하라 이 양식은 인자가 너희에게 주리니 인자는 아버지 하나님의 인치신 자니라

영적 가치

또한 영적 가치를 추구해야 합니다.

어떻게 하면 돈을 많이 벌까 하는 생각으로 사는 것이 아니고 어떻게 하면 하나님께 가까이 가고 하나님의 뜻대로 살까를 먼저 생각하는 영

적 가치관을 가지고 살아야 합니다.

하나님의 말씀대로 살아야 하는 것입니다.

> 마 4:4, 예수께서 대답하여 가라사대 기록되었으되 사람이 떡으로만 살 것이 아니요 하나님의 입으로 나오는 모든 말씀으로 살 것이라 하였느니라 하시니

하나님 나라 가치

무엇을 먹을까 무엇을 마실까 하는 물질적 가치보다 더 귀한 것은 하나님 나라의 가치입니다.

하나님 나라의 일을 먼저 생각하는 삶의 추구가 이루어져야 합니다.

> 마 6:33, 너희는 먼저 그의 나라와 그의 의를 구하라 그리하면 이 모든 것을 너희에게 더하시리라

(2) 라이프스타일을 바꾸라

그 다음 우리가 바꾸어야 하는 것은 라이프 스타일을 거룩한 것으로 바꾸어야 합니다.

절제된 라이프 스타일

우리는 절제된 삶을 살아야 합니다.

타락한 본성 대로 살아가는 것이 아니라 비전과 목적이 있는 삶을 위하여 절제와 규칙을 가지고 건강한 삶의 모습을 가져야 합니다.

고전 9:26, 그러므로 내가 달음질하기를 향방 없는 것같이 아니하고 싸우기를 허공을 치는 것같이 아니하여

27, 내가 내 몸을 쳐 복종하게 함은 내가 남에게 전파한 후에 자기가 도리어 버림이 될까 두려워함이로라

경건한 라이프 스타일

우리는 무엇보다 하나님과 동행하는 경건한 라이프 스타일을 만들어 가야 합니다.

말씀을 읽고 묵상하며 순종하는 삶을 연습하고 주님의 뜻을 알고 주님과 동행하고 주님의 능력으로 살아가기 위하여 기도하는 생활을 만들어 가야 합니다.

딤전 4:7, 망령되고 허탄한 신화를 버리고 오직 경건에 이르기를 연습하라

8, 육체의 연습은 약간의 유익이 있으나 경건은 범사에 유익하니 금생과 내생에 약속이 있느니라

근면 성실한 라이프 스타일

예수 믿는 우리는 이제 근면하고 성실함으로 살아가야 합니다.

헛된 꿈을 좇는 사람들이 아니고 하나님 앞에서 성실하게 사는 사람들이 되는 것입니다.

잠 10:4, 손을 게으르게 놀리는 자는 가난하게 되고 손이 부지런한 자는 부하게 되느니라

롬 12:11, 부지런하여 게으르지 말고 열심을 품고 주를 섬기라
잠 11:3, 정직한 자의 성실은 자기를 인도하거니와 사특한 자의 패역은 자기를 망케 하느니라

3) 보아라

끝으로 우리의 삶에 큰 변화는 우리의 삶에 비전이 생기고 목적의식이 생겼다는 것입니다.

아무렇게나 살아가는 것도 아니고 허영에 사는 것도 아니고 하나님이 우리에게 주신 삶의 의미를 따라 목적이 이끌어 가는 삶이 되어야 합니다.

(1) 푯대를 보아라

이를 위하여 하나님께서 내 인생의 푯대를 어디에 세우셨는지 발견하려고 묵상하고 기도하면서 주님께서 세우신 푯대, 내 인생의 목적을 향하여 걸어가야 합니다.

빌 3:14, 푯대를 향하여 그리스도 예수 안에서 하나님이 위에서 부르신 부름의 상을 위하여 좇아가노라

(2) 비전을 보아라

그것을 다른 말로 비전이라고도 합니다.

하나님의 말씀을 통하여 하나님이 우리에게 살기 원하는 삶의 수준을 깨닫고 그것을 비전으로 보면서 이루려고 기도하며 살아가는 것입니다.

아마 우리 믿는 사람들이 공통으로 가져야 할 비전은 복의 근원자의 비전일 것입니다.

> 창 12:2, 내가 너로 큰 민족을 이루고 네게 복을 주어 네 이름을 창대케 하리니 너는 복의 근원이 될지라
> 3, 너를 축복하는 자에게는 내가 복을 내리고 너를 저주하는 자에게는 내가 저주하리니 땅의 모든 족속이 너를 인하여 복을 얻을 것이니라 하신지라

단순히 복을 받아 누리는 차원이 아니라 내가 복의 근원이 되어 나로 인하여 더 많은 사람들이 복을 받고 구원 받고 축복을 누리게 되는 삶을 위하여 기도하며 살아가는 것입니다.

행복한 교회생활 안내에서 목사님이 말씀하신 복의 근원자로 살아가기를 다시 상기하고 그렇게 살아가도록 합니다.

복의 근원자로 살아가기

당신은 복의 근원자로 살도록 계획되고 부름 받았습니다.

축복의 생각
골 3:2, 위엣 것을 생각하고 땅엣 것을 생각지 말라

축복의 언어
엡 4:29, 무릇 더러운 말은 너희 입 밖에도 내지 말고 오직 덕을 세우는 데

소용되는 대로 선한 말을 하여 듣는 자들에게 은혜를 끼치게 하라

축복의 기도
벧전 3:9, 악을 악으로, 욕을 욕으로 갚지 말고 도리어 복을 빌라 이를 위하여 너희가 부르심을 입었으니 이는 복을 유업으로 받게 하려 하심이라

축복의 나눔
행 20:35, 범사에 너희에게 모본을 보였노니 곧 이같이 수고하여 약한 사람들을 돕고 또 주 예수의 친히 말씀하신 바 주는 것이 받는 것보다 복이 있다 하심을 기억하여야 할지니라

축복의 돌봄
히 10:24, 서로 돌아보아 사랑과 선행을 격려하며

축복의 전달
단 12:3, 지혜 있는 자는 궁창의 빛과 같이 빛날 것이요 많은 사람을 옳은 데로 돌아오게 한 자는 별과 같이 영원토록 비취리라

축복의 선교
창 28:14, 네 자손이 땅의 티끌같이 되어서 동서 남북에 편만할지며 땅의 모든 족속이 너와 네 자손을 인하여 복을 얻으리라

새 신자 양육

새 신자 양육과정은 새 신자로 하여금 확신 있는 신앙생활과 성경 말씀을 읽고 묵상하고 생활에 적용하며 기도생활을 할 수 있도록 안내합니다. 더 나아가 예수님을 증거하고 전하는 삶과 예배하는 삶 그리고 셀 안에서의 교제를 누리는 삶으로 이끌어 주는 역할을 하도록 교재가 구성되어 있습니다.

이 과정은 원칙적으로 일대일 양육을 원칙으로 하나 두세 명 함께 양육과정을 가질 수도 있습니다.

새 신자 양육과정은 그의 셀 리더가 일주일에 한 번씩 개인적으로 새 신자를 만나서 양육하는 것이 이상적이겠습니다. 그러니까 셀 리더는 양육과정을 다 학습해야 하고 수료해야 되겠지요.

새 신자가 자라서 셀 리더가 될 때는 자기가 양육과정을 받았으므로 조금만 코치하면 양육자가 될 수 있습니다.

"기뻐요" 인생 살아가기

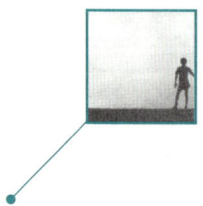

제1강
확신 있는 신앙생활

예수님을 영접하여 구원을 받고 나면 우리 마음에 확신을 가지고 살 수 있습니다.

1. 사죄의 확신

엡 1:7, 우리가 그리스도 안에서 그의 은혜의 풍성함을 따라 그의 피로 말미암아 구속 곧 죄 사함을 받았으니

첫 번째 확신은 사죄의 확신입니다.
○○님의 모든 죄를 주 예수께서 다 담당하셨고 ○○님은 그것을 믿으므로 사죄의 은총을 받았습니다.
더 이상 죄책감에 살 필요는 없습니다. 다시 죄를 짓지 않도록 노력은 해야 하지만 죄에 눌려 살 필요는 없습니다.
○○님은 예수님의 피의 공로를 의지하여 구속 곧 죄 사함을 받았기 때문입니다.

성경은 이것을 분명히 증거합니다.

2. 하나님의 자녀가 된 확신

요 1:12, 영접하는 자 곧 그 이름을 믿는 자들에게는 하나님의 자녀가 되는 권세를 주셨으니

사죄함을 받고 나면 그 다음 우리가 확신할 수 있는 것은 하나님의 자녀가 되었다는 것입니다.
ㅇㅇ님은 이제 하나님의 자녀가 되었습니다.
감격해도 좋습니다.
감격해야 합니다.
하나님을 아버지로 모신 새로운 인생을 살게 된 것입니다.
하나님의 사랑 받는 자녀로 살아가는 것입니다.

3. 영생의 확신

요일 5:11, 또 증거는 이것이니 하나님이 우리에게 영생을 주신 것과 이 생명이 그의 아들 안에 있는 그것이니라
요 6:47, 진실로 진실로 너희에게 이르노니 믿는 자는 영생을 가졌나니

그 다음 확신은 우리가 하나님의 자녀가 되었을 뿐 아니라 이제 하나님의 생명을 받아 영생을 얻었다는 것입니다.

영생의 백성, 영원한 천국 백성이 되었습니다.

천국시민으로 살아가는 것입니다.

위풍당당하게 천국 시민답게 살아갑시다.

4. 기도 응답의 확신

요일 5:14, 그를 향하여 우리의 가진 바 담대한 것이 이것이니 그의 뜻대로 무엇을 구하면 들으심이라
15, 우리가 무엇이든지 구하는 바를 들으시는 줄을 안즉 우리가 그에게 구한 그것을 얻은 줄을 또한 아느니라

이 땅에 사는 동안 또 하나의 축복과 확신은 우리가 기도하면 하나님 아버지께서 응답하신다는 것입니다.

우리의 기도를 들으시는 하나님, 우리의 기도를 응답하시는 아버지 하나님이십니다.

우리는 이제 하나님 아버지를 불러 기도할 수 있고 응답 받으며 하나님의 사랑과 축복을 누리며 살아가게 되었습니다. 믿음으로 기도하며 살아가십시오. 소원을 하나님 아버지께 말씀 드리며 응답 받는 즐거움을 누리며 살아갑시다.

5. 하나님의 사랑을 확신

롬 8:38, 내가 확신하노니 사망이나 생명이나 천사들이나 권세자들이나

현재 일이나 장래 일이나 능력이나

39, 높음이나 깊음이나 다른 아무 피조물이라도 우리를 우리 주 그리스도 예수 안에 있는 하나님의 사랑에서 끊을 수 없으리라

하나님의 사랑 받는 자녀가 되었다는 것은 축복된 일입니다.

우리가 하나님의 자녀로 회복되고 나면 하나님의 사랑은 변함이 없습니다. 그리고 하나님의 이 사랑에서 우리를 끊을 자가 없습니다.

어려움이 와도 하나님의 사랑의 품으로 피하십시오. 하나님의 사랑에 의지하여 기도하면 놀라운 축복과 능력의 삶으로 승리하게 될 것입니다.

6. 하나님의 선하심의 확신

롬 8:28, 우리가 알거니와 하나님을 사랑하는 자 곧 그 뜻대로 부르심을 입은 자들에게는 모든 것이 합력하여 선을 이루느니라

더 나아가 하나님은 선하시며 그 자녀를 사랑하시므로 선하게 대하신다는 사실입니다. 혹 우리가 살아가는 동안 어려운 일을 만나도 절망할 필요가 없습니다. 하나님의 선하심은 더 좋은 것으로 상 주시고 더 좋은 길로 인도하시고 합력하여 선을 이루도록 하실 것이기 때문입니다.

7. 하나님께 맡기는 신앙

시 37:5, 너의 길을 여호와께 맡기라 저를 의지하면 저가 이루시고

6, 네 의를 빛같이 나타내시며 네 공의를 정오의 빛같이 하시리로다

잠 16:3, 너의 행사를 여호와께 맡기라 그리하면 너의 경영하는 것이 이루리라

그러므로 우리는 하나님 아버지를 신뢰하고 범사에 그에게 우리의 모든 일을 맡기므로 평안을 누리며 기쁨으로 삶을 살아가게 됩니다.

맡기는 신앙으로 살아갑시다.

8. 확실한 신뢰로 살아가기

히 11:6, 믿음이 없이는 기쁘시게 못하나니 하나님께 나아가는 자는 반드시 그가 계신 것과 또한 그가 자기를 찾는 자들에게 상 주시는 이심을 믿어야 할지니라

그러므로 이제 우리는 사랑과 선하심으로 우리를 사랑하시고 인도하시고 축복하실 하나님을 믿고 따르는 신앙으로 살아가야 합니다.

하나님을 믿어 드릴수록 하나님은 우리의 삶을 온전하게 책임지시고 복 주실 것입니다.

온전한 믿음으로 살아갑시다.

흔들리지 않는 믿음으로 살아갑시다.

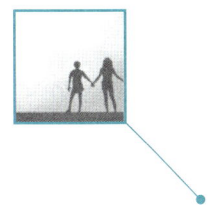

제2강
"기뻐요" 인생의 비결/
주님 안에 거하는 삶

다음 성경에서 "기뻐요" 인생의 비결을 찾아보세요.

요 15:4, 내 안에 거하라 나도 너희 안에 거하리라 가지가 포도나무에 붙어 있지 아니하면 절로 과실을 맺을 수 없음같이 너희도 내 안에 있지 아니하면 그러하리라

5, 나는 포도나무요 너희는 가지니 저가 내 안에, 내가 저 안에 있으면 이 사람은 과실을 많이 맺나니 나를 떠나서는 너희가 아무것도 할 수 없음이라

6, 사람이 내 안에 거하지 아니하면 가지처럼 밖에 버리워 말라지나니 사람들이 이것을 모아다가 불에 던져 사르느니라

7, 너희가 내 안에 거하고 내 말이 너희 안에 거하면 무엇이든지 원하는 대로 구하라 그리하면 이루리라

8, 너희가 과실을 많이 맺으면 내 아버지께서 영광을 받으실 것이요 너희가 내 제자가 되리라

9, 아버지께서 나를 사랑하신 것같이 나도 너희를 사랑하였으니 나의 사랑 안에 거하라

10, 내가 아버지의 계명을 지켜 그의 사랑 안에 거하는 것같이 너희도 내
계명을 지키면 내 사랑 안에 거하리라
11, 내가 이것을 너희에게 이름은 내 기쁨이 너희 안에 있어 너희 기쁨을
충만하게 하려 함이니라

예수님께서 말씀 하시기를 "내 안에 거하라" 하시고 포도나무와 가지의 비유로 말씀하셨습니다.

포도나무 가지가 포도나무 뿌리에 연결된 나무에 붙어 있지 않으면 마르고 죽고 열매를 맺을 수 없는 것처럼 우리가 예수님에게 붙어 있어야 참된 생명, 참된 기쁨, 참된 행복을 누리게 됩니다.

우리는 예수님 안에 거하여 예수님 안에서 살아야 합니다.

그런데 어떻게 사는 것이 예수님 안에 거하고 예수님 안에 사는 것이 될까요? 여기 몇 가지 암시가 주어져 있습니다.

첫째는 예수님의 말씀대로 사는 것입니다.

1. 내 말이 너희 안에 거하면/말씀/성경

"내 말이 너희 안에 거하면" 이라고 말씀 하십니다.

예수님의 말씀이 우리 속에 거하게 해야 한다는 것입니다.

말씀이 우리 삶에 들어와야 합니다.

즉 하나님의 말씀대로 살아야 합니다.

하나님 말씀대로 사는 것이 하나님 안에 살아가는 비결이 됩니다.

부모의 말씀을 경청하고 따르는 자녀는 부모의 사랑을 받습니다.

우리도 하나님의 말씀대로 살아서 하나님의 사랑 안에, 하나님의 축복 안에서 살아가야 합니다. 하나님의 말씀은 성경에 기록 되어 있습니다. 그러므로 성경을 읽고 깨달으며 그 말씀을 따라 살아가는 것이 하나님의 자녀의 삶이요 축복의 삶이 됩니다.

매일 성경을 읽고 묵상하며 순종하는 삶을 살도록 하시기 바랍니다.

2. 원하는 대로 구하라/기도

그 다음에는 "원하는 대로 구하라"고 하십니다.

구한다는 것은 기도하는 것입니다. 우리의 원하는 바를 하나님께 말씀 드리며 하나님과 교제하며 살라는 것입니다.

이제 우리는 혼자 사는 것이 아닙니다.

하나님과 함께 삽니다.

하나님께 무엇이든지 우리의 원하는 바를 말씀 드릴 수 있습니다.

기도할 수 있습니다. 그리고 기도하는 삶이야말로 행복한 삶이 됩니다. 기도를 통하여 하나님과 동행하고 하나님과 함께 살고 하나님 안에 살아가는 것입니다.

기도할 수 있다는 것은 하나님의 자녀 된 특권이요 행복입니다.

매일 기도하는 습관을 갖게 되면 하나님과 만나는 삶이 체험되고 하나님이 우리와 함께 하시는 삶을 누리게 됩니다.

3. 과실을 많이 맺으면/전도

그 다음에는 "과실을 많이 맺으면" 이라고 합니다.

과실을 많이 맺으면 하나님 기뻐하시고 우리도 복이 됩니다.

과실이란 무엇일까요?

성경에서 과실이라 하면 보통 두 가지를 말합니다.

하나는 행위의 열매입니다.

말씀에 순종하여 하나님의 영광을 나타내는 행위의 열매를 말합니다. 믿는다고 말하면서 말씀대로 살지 않는 것이 아니라 하나님을 믿고 하나님의 뜻대로 사는 행위의 열매를 말합니다.

믿음이 행위로 열매 맺어야 하겠습니다.

두 번째는 생명의 열매 즉 전도의 열매를 말합니다.

나무가 자라서 많은 열매를 맺어 번식하듯이 구원 받은 성도가 전도하여 더 많은 생명의 열매를 맺는 것입니다.

우리가 전도하여 많은 인생을 구원으로 이끌 때 하나님은 기뻐하시고 우리도 기쁘고 하나님의 축복을 누리는 삶이 됩니다.

4. 내 계명을 지키면/순종

네 번째는 순종입니다.

"내 계명을 지키면" 이라고 합니다.

주님이 말씀하시는 대로 순종하여 말씀을 지키며 사는 것입니다.

말씀을 읽거나 들은 것으로 끝나지 않고 읽고 들은 바를 실천하여 행위의 열매가 있게 하며 하나님께 순종하는 삶을 살게 되면 하나님은 우리를 더욱 기뻐하시고 더욱 사랑하시고 더욱 축복하십니다.

5. 기쁨이 충만하리라

이렇게 말씀으로 살고 기도로 살고 전도의 열매를 맺고 하나님께 순종하여 살면 그 결과는 우리에게 기쁨이 된다는 것입니다.
"기쁨이 충만하리라" 하십니다.
이 모든 원리는 우리의 기쁨을 위하여 가르쳐 주시고 계십니다.
하나님은 당신의 자녀들이 하나님의 뜻대로 살면서 하나님 안에서 기쁨의 삶을 살기를 원하십니다.
"기뻐요" 인생을 살도록 말씀 묵상과 기도하는 삶을 삽시다.
말씀에 순종하여 전도하는 삶을 살아갑시다.

제3강
말씀으로 살아가는 삶

1. 주님 안에 거하는 삶

요 15:7, 너희가 내 안에 거하고 내 말이 너희 안에 거하면 무엇이든지 원하는 대로 구하라 그리하면 이루리라

주님 안에 거하는 삶의 첫 번째는 말씀으로 사는 것이라고 하였습니다. 오늘은 말씀 안에 살아가는 삶에 대하여 다시 좀더 자세히 알아 보기로 합니다.

2. 영혼의 양식

벧전 2:2 갓난 아이들같이 순전하고 신령한 젖을 사모하라 이는 이로 말미암아 너희로 구원에 이르도록 자라게 하려 함이라

마 4:4 예수께서 대답하여 가라사대 기록되었으되 사람이 떡으로만 살 것이 아니요 하나님의 입으로 나오는 모든 말씀으로 살 것이라 하였느니라 하시니

성경은 하나님의 말씀을 영혼의 양식이라고 부릅니다.

우리의 영성이 자라고 우리의 믿음이 자라려면 영의 양식인 하나님의 말씀을 먹어야 한다고 가르칩니다. 신령한 젖을 먹으라 하십니다.

사람이 떡으로만 사는 것이 아니요 하나님의 말씀으로 산다고 하였습니다.

그렇습니다. 하나님의 말씀은 영의 양식이라서 우리가 하나님의 말씀을 먹어야 영이 살고 성장합니다. 하나님의 말씀을 먹는다는 것은 하나님의 말씀을 읽고 묵상하고 그 말씀을 품고 말씀대로 살아간다는 것이고 하나님의 말씀을 통하여 하나님과 교제 가운데 살아간다는 것을 의미합니다. 하나님의 말씀은 영적 삶의 필수 양식과 같습니다.

말씀으로 사는 삶의 생활방식을 만들어 가야 합니다.

3. 하나님의 양육서

딤후 3:16 모든 성경은 하나님의 감동으로 된 것으로 교훈과 책망과 바르게 함과 의로 교육하기에 유익하니
17, 이는 하나님의 사람으로 온전케 하며 모든 선한 일을 행하기에 온전케 하려 함이니라

하나님의 말씀인 성경은 하나님의 양육서라고 말할 수 있습니다.

성경은 하나님의 성령의 감동으로 기록된 책입니다.

성경은 하나님의 말씀이며 하나님 아버지께서 그 자녀들을 가르치려

고 쓰신 양육서입니다.

교훈을 주고 잘못된 것은 책망도 하고 바르게 의로 살아가도록 하나님이 교육하시는 책입니다. 그러므로 우리가 성경을 읽을 때는 하나님의 자녀로 하나님 아버지의 양육을 받는 태도로 진지하게 읽고 묵상해야 합니다.

말씀을 읽고 순종하는 삶을 살 때 하나님의 자녀의 삶을 살게 됩니다.

4. 길 안내서

시 119:105, 주의 말씀은 내 발에 등이요 내 길에 빛이니이다
잠 6:23, 대저 명령은 등불이요 법은 빛이요 훈계의 책망은 곧 생명의 길이라

하나님의 말씀은 또 다른 면으로 보면 우리 인생의 길을 안내하는 길 안내서이기도 합니다. 하나님의 말씀은 우리의 길을 가르쳐 주는 등불이요 빛이며 생명의 길, 참 진리의 길, 참 행복의 길을 안내하여 주는 빛인 것입니다. 하나님의 말씀을 읽고 그 안내를 따를 때 우리는 참된 인생의 길, 참된 생명의 길, 참된 행복의 길을 가게 됩니다.

5. 성경 말씀과 우리의 생활

말씀이 생활화 되기 위하여 어떤 노력을 하면 좋을까요?

계 1:3, 이 예언의 말씀을 읽는 자와 듣는 자들과 그 가운데 기록한 것을 지키는 자들이 복이 있나니 때가 가까움이라

수 1:8, 이 율법책을 네 입에서 떠나지 말게 하며 주야로 그것을 묵상하여 그 가운데 기록한 대로 다 지켜 행하라 그리하면 네 길이 평탄하게 될 것이라 네가 형통하리라

그렇다면 성경 말씀은 우리의 신앙생활에 절대적인 기준이요 필수적인 안내서가 되는데 어떻게 하면 성경 말씀과 우리의 생활을 연결시키고 밀착시킬 수 있을까요?

1) 말씀을 읽는 자/성경 읽기

첫째는 성경을 부지런히 읽는 것입니다.

예언의 말씀 즉 성경 말씀을 읽는 자가 복이 있다고 하였습니다.

성경을 부지런히 읽으면 하나님의 뜻과 계획이 이해되고 내 삶을 하나님의 뜻과 계획에 맞추어가는 삶이 이루어지므로 가장 온전한 삶으로 이끌어 주게 됩니다.

성경을 규칙적으로 읽어 나가는 습관을 갖는 것이 중요합니다.

2) 듣는 자/ 설교 듣기

그 다음엔 듣는 자가 복되다 하였습니다.

하나님의 말씀을 들어야 합니다.

우선 설교를 통하여 선포되는 하나님의 말씀을 들어야 합니다.
잘 듣고 깨닫고 실천하려고 해야 합니다.

3) 말씀 묵상하기

그 다음엔 성경 말씀을 묵상하는 것입니다.

하나님의 율법책 즉 성경을 주야로 묵상하는 자에게 형통한 축복이 임한다고 하였습니다.

묵상이란 깊이 생각하고 마음에 담고 새기며 그 뜻을 헤아리고 따라가는 것을 의미합니다.

4) 지키는 자/ 말씀대로 살기

그 다음엔 마지막으로 하나님의 말씀을 지켜 행하는 자가 복이 있고 형통한다고 하였습니다.

하나님의 말씀을 읽고 묵상하고 듣고 하는 모든 것은 따르고 지키기 위해서 입니다.

하나님의 말씀을 듣고 읽고 묵상하고 따르며 순종하고 지켜 행하는 사람을 하나님은 더욱 사랑하고 더욱 축복합니다.

말씀을 깨닫고 따르는 삶의 연습을 위하여 성경 읽기 표를 따라 성경 읽기를 시작합시다. 매일 그 중에서 깨달아지는 말씀 한 구절을 계속 묵상하며 생활에 적용해 봅시다.

제4강
기도하는 삶

요 15:7, 너희가 내 안에 거하고 내 말이 너희 안에 거하면 무엇이든지 원하는 대로 구하라 그리하면 이루리라

"무엇이든지 원하는 대로 구하라 그리하면 이루리라" 하였습니다.
기도하면 응답하신다는 말씀이요, 기도의 삶을 명하시고 축복하신 것입니다. 우리는 기도하면 응답 받으며 살아가는 축복을 갖게 되었습니다.
오늘은 기도를 좀 더 배워 보도록 하겠습니다.

1. 누구에게

마 7:9, 너희 중에 누가 아들이 떡을 달라 하면 돌을 주며
10, 생선을 달라 하면 뱀을 줄 사람이 있겠느냐
11, 너희가 악한 자라도 좋은 것으로 자식에게 줄 줄 알거든 하물며 하늘에 계신 너희 아버지께서 구하는 자에게 좋은 것으로 주시지 않겠느냐

기도는 누구에게 하는 것입니까?
두 말할 나위 없이 하나님께 하는 것이지요.

하나님을 아버지로 믿고 그 아버지에게 기도하는 것입니다.

아버지로서 가장 좋은 것으로 응답하시는 하나님이라고 가르치십니다. 그러면 무엇을 기도하는 것일까요?

2. 무엇을

계 4:8, 네 생물이 각각 여섯 날개가 있고 그 안과 주위에 눈이 가득하더라 그들이 밤낮 쉬지 않고 이르기를 거룩하다 거룩하다 거룩하다 주 하나님 곧 전능하신 이여 전에도 계셨고 이제도 계시고 장차 오실 자라 하고

첫째는 찬양의 기도를 합니다.

찬양이란 하나님의 하나님 되심을 노래하는 것이지요.

하나님의 위대하심을 그대로 찬미하고 기뻐하는 내용의 기도입니다.

거룩하신 하나님 전능하신 하나님 영원하신 하나님 그러한 하나님의 위대하심을 찬미하는 것입니다. 마치 자녀가 "우리 아빠 최고야!"라고 엄지손가락 치켜 들고 자랑하듯 말입니다.

감사를

골 2:6, 그러므로 너희가 그리스도 예수를 주로 받았으니 그 안에서 행하되
7, 그 안에 뿌리를 박으며 세움을 입어 교훈을 받은 대로 믿음에 굳게 서서 감사함을 넘치게 하라

둘째는 감사의 기도를 합니다.

감사란 베풀어 주신 은혜와 사랑과 축복에 대하여 고마운 마음을 나타내는 것입니다.

구원의 은혜, 형통의 축복, 건강의 축복, 가정, 직장 등의 모든 축복에 대하여 감사하는 기도를 드리는 것입니다.

"다 하나님의 은혜지요."라고 하나님을 가리키는 손가락을 기억하면서 감사의 기도를 드립시다. 하나님이 주신 은혜와 축복을 다 찾아 감사의 기도를 드리는 것입니다.

자백을

요일 1:9 만일 우리가 우리 죄를 자백하면 저는 미쁘시고 의로우사 우리 죄를 사하시며 모든 불의에서 우리를 깨끗케 하실 것이요

셋째는 고백의 기도입니다.

고백이란 자신의 속 마음을 그대로 말하는 것인데 여기서는 죄나 허물이나 부족한 모든 것을 하나님께 고백하며 사죄와 씻음을 구하는 기도를 말합니다.

남을 손가락질하는 경우 가운데 손가락은 자신을 향하여 더 큰 죄인임을 가리킵니다. 하나님 앞에서 자신을 돌아보며 회개하거나 자신의 허물을 고백하는 기도를 하는 것입니다.

간구를

요 15:7, 너희가 내 안에 거하고 내 말이 너희 안에 거하면 무엇이든지 원하는 대로 구하라 그리하면 이루리라

넷째는 간구의 기도입니다.

간구란 자신의 소원이나 필요를 따라 하나님께 달라고 간청하는 것입니다. 하나님께 우리의 필요를 말씀 드리고 구할 수 있다는 것은 얼마나 큰 축복입니까?

무엇이든지 원하는 바 소원을 또 필요를 하나님께 구할 수 있습니다.

네 번째 손가락은 약속의 반지를 끼는 손가락인데 이를 기억하고 하나님의 응답의 약속을 믿고 무엇이든 하나님께 기도한다는 것입니다.

중보를

엡 6:18, 모든 기도와 간구로 하되 무시로 성령 안에서 기도하고 이를 위하여 깨어 구하기를 항상 힘쓰며 여러 성도를 위하여 구하고

다섯째는 중보의 기도입니다.

중보란 누군가 두 사람 사이에서 둘을 엮어 주거나 연결해 주는 것을 말하는데 중보 기도란 누군가 다른 사람을 하나님께 올리며 기도하는

것을 말합니다.

쉽게 말해서 다른 사람을 위하여 기도하는 것을 의미하지요. 친구를 위하여 이웃을 위하여 나라를 위하여 기도하는 것입니다. 새끼 손가락 걸고 우정을 다짐하던 일을 기억하고 우정의 기도, 남을 위한 기도를 합니다.

누구를 위하여 기도해 주고 싶으신가요?

예, 그를 위하여 기도하십시오.

3. 예수 이름으로

> 요 14:13, 너희가 내 이름으로 무엇을 구하든지 내가 시행하리니 이는 아버지로 하여금 아들을 인하여 영광을 얻으시게 하려 함이라
> 14, 내 이름으로 무엇이든지 내게 구하면 내가 시행하리라

그리고는 이 모든 것을 묶어서 예수 이름으로 기도하는 것입니다.

예수 이름으로 기도한다는 것은 우리 스스로는 하나님께 나아갈 자격이 없고 예수님이 우리 죄값을 대속하여 주어서 감히 예수님 이름으로, 예수님 백으로 하나님께 나아가 기도한다는 고백입니다.

4. 아멘

> 고후 1:20, 하나님의 약속은 얼마든지 그리스도 안에서 예가 되니 그런즉 그로 말미암아 우리가 아멘 하여 하나님께 영광을 돌리게 되느니라

기도를 마칠 때는 "아멘"으로 마칩니다.

"아멘"이란 "그렇습니다." " 맞습니다."

그런 뜻인데 꼭 그렇게 이루어 주실 줄 믿는다는 신앙고백의 말입니다. 반드시 이루어 주실 하나님을 신뢰하는 말로 기도를 마치는 것이지요.

5. 언제 어디서

막 1:35, 새벽 오히려 미명에 예수께서 일어나 나가 한적한 곳으로 가사 거기서 기도하시더니

눅 6:12, 이 때에 예수께서 기도하시러 산으로 가사 밤이 맞도록 하나님께 기도하시고

그럼 언제 어디서 기도하면 좋을까요?

언제나 어디서나 기도할 수 있고 기도해야 합니다.

그러나 매일 일정한 시간과 장소를 정해 놓고 기도하는 것이 가장 좋습니다. 가능하면 조용한 시간에 조용한 장소에서 기도하는 것입니다.

대체로 이른 아침이나 밤에 기도하는 것이 기도에 집중할 수 있고 하나님과 깊은 교제를 하기에 좋습니다.

장소는 어디서나 기도하지만 조용한 자기만의 장소를 가질 수 있으면 좋겠습니다.

새벽에 교회에 와서 기도하는 경우 좋은 방법이지요.

건강한 습관이 될 것입니다.

제5강
증거 하는 삶

별과 같이 빛나고 보람있는 인생이 무엇일까요?

단 12:3, 지혜 있는 자는 궁창의 빛과 같이 빛날 것이요 많은 사람을 옳은 데로 돌아오게 한 자는 별과 같이 영원토록 비취리라

많은 사람을 옳은 데로 돌아오게 한 자는 별과 같이 영원토록 비취리라고 하십니다.

우리 모두 스타가 되기를 원하지요.

여기 영원한 스타가 되는 길이 있습니다.

하늘 나라 스타가 되는 비결 말입니다.

그것은 많은 사람을 옳은 데로 돌아오게 인도하는 것입니다.

옳은 데가 어디 입니까?

하나님의 사랑의 품, 구원의 길로 인도하는 것이 영원한 스타가 되는 길입니다.

한 사람을 구원의 길로 인도하는 것은 얼마나 소중한 일입니까?

많은 사람을 구원의 길로 인도하는 것은 정말 귀한 일입니다.

과연 하늘 나라의 스타라고 부를 만큼 소중한 일이지요.

ㅇㅇ 님이 인도 받아 구원을 얻고 하나님의 자녀가 되어 축복을 받게 된 것처럼 ㅇㅇ님도 이제 다른 사람을 주님께로, 구원의 길로, 축복의 길로 인도하는 삶이 되기를 바랍니다.

가족들, 친구들, 친척들 다 주님께로 인도하기로 작정하고 기도하며 노력해 보세요.

1. 영원한 갈림길

단 12:2, 땅의 티끌 가운데서 자는 자 중에 많이 깨어 영생을 얻는 자도 있겠고 수욕을 받아서 무궁히 부끄러움을 입을 자도 있을 것이며
3, 지혜 있는 자는 궁창의 빛과 같이 빛날 것이요 많은 사람을 옳은 데로 돌아오게 한 자는 별과 같이 영원토록 비취리라

영원한 스타 이야기 하기 전에 성경은 심각한 인생의 갈림길을 말하고 있습니다.

하나는 영생을 얻는 길이고 하나는 수욕, 영원한 부끄러움, 영원한 지옥의 멸망의 길을 말하고 있습니다.

그러기에 옳은 데로 돌아오게 하는 일이 그렇게 중요하고 가치 있는 일이라는 것입니다.

영원한 지옥의 부끄러움에서 돌이켜 영생의 길로 인도하는 것이 귀하다는 것이지요.

우리의 전도는 한 사람을 영생과 영벌의 갈림길에서 영생으로 인도하는 것입니다.

이 가치 있는 일을 위하여 부름 받고 있다는 것을 깨닫고 이 소중한 사명을 행하도록 합시다.

2. 전도의 필요성

롬 10:13, 누구든지 주의 이름을 부르는 자는 구원을 얻으리라
14, 그런즉 저희가 믿지 아니하는 이를 어찌 부르리요 듣지도 못한 이를 어찌 믿으리요 전파하는 자가 없이 어찌 들으리요

ㅇㅇ님이 경험한 바를 가만히 생각해 보세요.

이 영생의 길을 누군가가 ㅇㅇ님에게 가르쳐 주고 전도해서 영생의 길을 알게 되고 또 구원을 받았습니다.

예수님의 이름을 믿고 부르는 자가 구원을 받는데 믿지 않고는 부르지 못하고 듣지 않고는 믿을 수 없고 전하는 자가 없이 들을 수 없지요.

그래서 우리가 먼저 알게 되고 믿는 자로서 복음을 전하고 예수님을 전해야 하는 것이지요.

ㅇㅇ님이 복음을 들었기에 믿고 부르고 구원 받은 것처럼 ㅇㅇ님도 이제 전하는 사명을 갖게 되었습니다.

전도의 사명자로 살아갑시다.

3. 전도의 사명

막 16:15, 또 가라사대 너희는 온 천하에 다니며 만민에게 복음을 전파하라
16, 믿고 세례를 받는 사람은 구원을 얻을 것이요 믿지 않는 사람은 정죄를 받으리라

전도가 필요하기에 이제 주님은 우리에게 전도하라고, 복음을 전하라고 명령하십니다.
우리는 전도의 명령을 받은 사명자가 된 것이지요.
온 천하 만민에게 복음을 전하라고 주님 명령하시네요.
순종하고 이루도록 해야겠지요.

4. 전도의 능력

행 1:8, 오직 성령이 너희에게 임하시면 너희가 권능을 받고 예루살렘과 온 유대와 사마리아와 땅 끝까지 이르러 내 증인이 되리라 하시니라

그런데 놀라운 약속이 있습니다.
전도하는 일을 위하여 하나님은 우리에게 성령을 부어 주신다는 것입니다. 우리의 지혜나 우리의 능력만으로 전도하는 것이 아니고 우리가 전도하는 것을 성령이 도와 주시는 것입니다.

우리가 어떻게 설득해서 예수 믿게 하겠습니까?

우리가 전도할 때 성령께서 감동하시고 성령께서 깨우치시고 믿게 하십니다. 성령을 믿고 의지하며 기도하면서 전도하는 삶을 실행하도록 합시다.

다음 전도를 위한 권면을 읽고 그대로 해 봅시다.

5. 전도를 위한 권면

영혼을 마음에 품으십시오.

그를 위하여 기도하십시오.

그를 사랑하고 섬기십시오.

그에게 간증을 나누십시오.

그에게 복음을 제시하세요.

그를 교회로 인도하십시오.

제6강
예배하는 삶

예배하는 삶이 우리의 기쁨이 되는 이유가 무엇입니까?

예배하는 자를 찾으시는 하나님

요 4:23, 아버지께 참으로 예배하는 자들은 신령과 진정으로 예배할 때가 오나니 곧 이 때라 아버지께서는 이렇게 자기에게 예배하는 자들을 찾으시느니라
24, 하나님은 영이시니 예배하는 자가 신령과 진정으로 예배할지니라

하나님은 자기를 예배하는 자들을 찾으신다고 하십니다.

부모를 존경하고 따르는 자녀를 더 사랑하고 기뻐함과 같이 하나님은 자기를 경외하고 경배하는 예배자들을 찾으시고 즐거워하시고 기뻐하십니다

예배하는 삶은 그러므로 우리 자신에게도 기쁨이요 축복입니다.

하나님을 기쁘게 해 드리는 일은 우리 자신의 축복이 될 수 밖에 없습

니다.

그러므로 시편에는 기쁨으로 여호와 하나님을 섬기며 노래하며 찬양하며 예배하라고 가르칩니다.

시 100:2 기쁨으로 여호와를 섬기며 노래하면서 그 앞에 나아갈지어다

예배의 네 가지 요소는 무엇입니까?

1. 찬미

> 히 13:15, 이러므로 우리가 예수로 말미암아 항상 찬미의 제사를 하나님께 드리자 이는 그 이름을 증거하는 입술의 열매니라

교회에서의 예배는 보통 네 가지 요소로 드려집니다.
첫째는 찬미, 찬양, 찬송입니다.
찬미란 하나님의 위대하심과 하나님이 우리에게 주시는 은혜와 축복에 대한 감사를 시와 노래로 표현하는 것입니다.

우리는 우리의 자녀가 "우리 아빠 최고야" 또는 "우리 엄마 최고야"라고 말한다면 큰 기쁨을 느낄 것입니다.

마찬가지로 우리가 하나님께 "우리 하나님 최고야" "하나님 정말 감사합니다." 라고 노래하게 될 때 하나님이 기뻐하십니다.

그러므로 찬양 또는 찬송은 우리의 마음 다하여 하나님께 드리는 노

래로 바쳐야 할 것입니다.

찬미의 제사는 마음에서 나와 입술로 증거하는 예배입니다.

2. 기도

계 5:8, 책을 취하시매 네 생물과 이십사 장로들이 어린 양 앞에 엎드려 각 각 거문고와 향이 가득한 금대접을 가졌으니 이 향은 성도의 기도들이라

두 번째는 기도로 드리는 예배입니다.

성경에는 기도가 향불 제사와 같다고 말합니다.

우리가 하나님께 기도하면 하나님은 기뻐 받으십니다. 찬양의 기도, 감사의 기도 심지어 우리의 간구의 기도까지도 하나님은 기도하는 자녀들의 모습을 보고 즐거워하십니다.

기도는 하나님이 기뻐 받으시는 예배가 됩니다.

3. 말씀

시 78:1, 내 백성이여, 내 교훈을 들으며 내 입의 말에 귀를 기울일지어다

하나님은 우리와 이야기를 하고 싶어 하시고 하나님의 마음을 나타내시며 말씀하시고, 듣고 순종하는 자녀들을 기뻐하시며 축복하십니다.

예배 중에는 설교하는 순서가 있습니다.

하나님의 말씀을 이해하기 쉽게 풀어 듣는 시간이지요.

말씀을 경청하여 마음에 새기고 말씀대로 살기로 다짐하는 것이 하나님이 기뻐하시는 예배가 되는 것입니다.

그리고 그 말씀대로 살아가는 모습을 주님은 기뻐하십니다.

4. 헌금

잠 3:9, 네 재물과 네 소산물의 처음 익은 열매로 여호와를 공경하라
마 23:23, 화 있을진저 외식하는 서기관들과 바리새인들이여 너희가 박하와 회향과 근채의 십일조를 드리되 율법의 더 중한 바 의와 인과 신은 버렸도다 그러나 이것도 행하고 저것도 버리지 말아야 할지니라

예배의 요소 중에 헌금이 있습니다.

헌금은 하나님의 은혜와 축복에 대하여 우리가 소중히 여기는 물질로 표현하여 드리는 것입니다.

성경은 재물로 하나님을 공경하라고 가르칩니다.

우리가 사용하는 모든 재물이 하나님의 은혜와 축복으로 주신 것입니다. 그러므로 주신 분에게 감사를 나타내는 것인데 그것을 헌금으로 표현하는 것입니다.

성경 다른 곳에는 '네 보물 있는 곳에 네 마음도 있다'는 말씀이 있습니다.

우리가 재물을 하나님께 드릴 때 우리의 마음이 진실로 하나님께 있음을 표현하게 되는 것입니다.

정성껏 준비한 헌금을 드린다는 것은 진정한 예배가 됩니다.

우리가 드리는 헌금의 가장 기본적인 것은 십일조 헌금 입니다.

하나님이 주신 재물의 열에 하나를 떼어 다시 하나님께 드리는 예물 입니다.

"이 모든 것이 하나님의 것입니다. 하나님을 경외하고 감사의 표시로 드립니다."하는 의미로 드리는 헌금 입니다.

그리고 매주일 예배에 나올 때마다 드리는 주일 헌금이 있습니다.

이는 공수로 즉 빈손으로 하나님, 왕 앞에 나가지 않는, 즉 예물을 들고 왕 앞에 나가는 예절입니다.

하나님을 왕으로 섬기는 예물로 매 주일 예배 때마다 드리는 주일 헌금이 있습니다.

그 외에 경우에 따라 특별히 감사한 기념을 하는 감사 헌금 또 경우에 따라 선교 헌금이나 건축 헌금 등 목적 헌금이 있습니다만 이는 경우에 따라 드리는 것이며 십일조 헌금과 주일 헌금 이 두 가지가 기본입니다.

매 주일 예배에 참여하여 하나님께 영광 돌리고 하나님의 은혜를 누리는 삶을 살아갑시다.

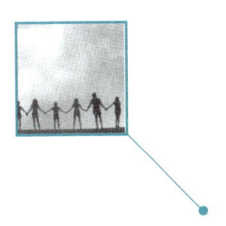

제7강
친교 가운데 사는 삶

친교가 기쁨의 삶이 되는 이유가 무엇입니까?

1. 친교의 기쁨

요일 1:3, 우리가 보고 들은 바를 너희에게도 전함은 너희로 우리와 사귐이 있게 하려 함이니 우리의 사귐은 아버지와 그 아들 예수 그리스도와 함께 함이라
4, 우리가 이것을 씀은 우리의 기쁨이 충만케 하려 함이로라

성경은 말하기를 이 복음을 전하는 목적 중 하나가 그리스도인들이 더불어 사는 사귐이 있도록 하기 위함이라고 말합니다. 그리고 그 결과는 기쁨이 충만하게 하려는 것이라고 합니다. 그러니까 그리스도인들이 서로 그리고 주님과 더불어 사는 사귐 가운데서 기쁨이 충만해 지기를 원하는 것이지요.
원래 사람은 혼자는 외로워서 살지 못합니다.

타락한 인간들은 이기주의적으로 변해서 진정한 사랑을 주고 받는 친교가 어렵습니다. 예수님으로 말미암아 새 사람 된 그리스도인들이 서로 형제가 되어 사랑하며 살고 친교 가운데 기쁨을 나누며 살도록 하나님은 섭리하셨습니다.

그리스도인들의 사귐은 사람들끼리의 사귐이 아니라 하나님과 함께하는 사귐이기에 더 깊고 기쁨이 있습니다. 서로를 위하여 기도하고 서로 즐거움도 나누고 어려움도 나누는 친교 가운데서 그리스도인들은 힘을 얻습니다.

사귐이 있는 삶이 신앙생활의 큰 축복입니다.

2. 친교의 두 차원

요 17:21, 아버지께서 내 안에, 내가 아버지 안에 있는 것같이 저희도 다 하나가 되어 우리 안에 있게 하사 세상으로 아버지께서 나를 보내신 것을 믿게 하옵소서
22, 내게 주신 영광을 내가 저희에게 주었사오니 이는 우리가 하나가 된 것같이 저희도 하나가 되게 하려 함이니이다
23, 곧 내가 저희 안에, 아버지께서 내 안에 계셔 저희로 온전함을 이루어 하나가 되게 하려 함은 아버지께서 나를 보내신 것과 또 나를 사랑하심같이 저희도 사랑하신 것을 세상으로 알게 하려 함이로소이다

그리스도인의 친교는 단순히 인간끼리 좋아 지내는 친교 그 이상입니다. 서로 사랑으로 하나될 뿐 아니라 하나님과도 하나가 되는 그야말로

온전한 친교요 기쁨이 충만한 친교 입니다.

우리끼리도 서로 사랑하며 하나가 되는 수평적 친교와 하나님이 우리와 하나 되어 함께 하시는 수직적 친교가 온전한 친교입니다.

이 친교의 축복된 경험 속으로 들어가도록 합시다.

3. 친교의 삶

행 2:42, 저희가 사도의 가르침을 받아 서로 교제하며 떡을 떼며 기도하기를 전혀 힘쓰니라
43, 사람마다 두려워하는데 사도들로 인하여 기사와 표적이 많이 나타나니
44, 믿는 사람이 다 함께 있어 모든 물건을 서로 통용하고
45, 또 재산과 소유를 팔아 각 사람의 필요를 따라 나눠 주고
46, 날마다 마음을 같이 하여 성전에 모이기를 힘쓰고 집에서 떡을 떼며 기쁨과 순전한 마음으로 음식을 먹고
47, 하나님을 찬미하며 또 온 백성에게 칭송을 받으니 주께서 구원받는 사람을 날마다 더하게 하시니라

초대교회는 서로가 하나가 되고 주님이 함께 하시는 친교를 경험하며 살았다는 기록이 있습니다.

사도들의 가르침을 함께 받고 서로 음식도 나누고 함께 기도하고 함께 찬송하고 그리고는 서로 사랑하여 물건을 빌려 주고 빌려 쓰고 심지어 재산을 팔아서까지 형제들의 어려움을 함께 해결하는 사랑을 나누면서 살았고 사람들은 이것을 보고 놀라고 칭찬하고 믿는 사람들이 늘었

다고 기록합니다.

우리도 이와 같이 서로 사랑하고 서로 교제하고 서로 함께 기도하고 예배하면서 하나된 기쁨을 누리고 자랑스러운 사랑의 공동체를 이루며 살아야 합니다.

이러한 공동체를 몸이라고 표현하기도 하는데 ○○님도 공동체의 한 지체가 되고 일원이 되어 공동체에 긍정적으로 적극적으로 이바지 하고 또 누리도록 해야겠습니다.

4. 친교를 위한 마음가짐

이와 같이 서로 사랑하며 하나되어 살아가는 일을 위하여 우리의 마음 가짐을 성경은 이렇게 권합니다.

> 롬 12:10, 형제를 사랑하여 서로 우애하고 존경하기를 서로 먼저 하며
> 11, 부지런하여 게으르지 말고 열심을 품고 주를 섬기라
> 12, 소망 중에 즐거워하며 환난 중에 참으며 기도에 항상 힘쓰며
> 13, 성도들의 쓸 것을 공급하며 손 대접하기를 힘쓰라
> 14, 너희를 핍박하는 자를 축복하라 축복하고 저주하지 말라
> 15, 즐거워하는 자들로 함께 즐거워하고 우는 자들로 함께 울라
> 16, 서로 마음을 같이 하며 높은 데 마음을 두지 말고 도리어 낮은 데 처하며 스스로 지혜 있는 체 말라
> 17, 아무에게도 악으로 악을 갚지 말고 모든 사람 앞에서 선한 일을 도모하라
> 18, 할 수 있거든 너희로서는 모든 사람으로 더불어 평화하라

5. 친교를 위한 안내

형제처럼 서로 사랑하며 격려하는 셀 모임이 있습니다.

셀 모임은 일주일에 한 번씩 모입니다.

셀의 지체가 되지 않으시겠습니까?

전인 치유 수양회

전인 치유 수양회는 말 그대로 전인 즉 영과 혼(마음)과 몸이 다 치유되는 것을 목표로 하는 수양회입니다.

사람이 치유되지 않으면 신앙과 인격이 잘 자라지 않습니다.

그래서 치유되어야 하고 특히 내적 치유 속 사람의 치유와 영과 혼의 치유는 신앙성장에 중요합니다.

치유되지 않으면 말씀도 굴절되고 공동체적 품성으로 자라지 못합니다. 몸의 치유 또한 중요합니다.

몸의 치유를 통하여 새 신자들은 확신을 더하고 감사와 감격으로 헌신하게 되기도 합니다. 그리고 교회의 사역 중에 치유사역은 중요하고 본질적 사역 중의 하나이기에 전인치유 수양회를 열어서 치유가 이루어지도록 도와야 합니다.

전인치유 수양회 일정표 및 매뉴얼

	목	금	토
새벽		공동묵상과 기도	공동묵상과 기도
오전		찬양예배 강의/치유의 세계 기도/치유를 위한기도	간증 강의/사탄의 길을 차단 기도/통성기도 파송 예배
오후		강의/염려와 유혹에서 자유 셀 모임/나를 근심하게 하는 것은?	
저녁	개강 예배 강의/전인건강 치유의 하나님 셀모임/나의 영혼육의 건강은?	강의/ 상한 마음의 치유 기도/용서와 고백의 기도 산기도/사랑의 영이 충만하기를	

첫째 날 저녁

1) 찬양으로 개강예배를 드린다
2) 첫 강의/ "전인건강의 이해와 치유의 하나님"을 강의한다
3) 전인건강진단서(이 전인 치유 수양회 해설 뒷부분에 있음)를 각자 점검

하게 한다.
4) 셀 모임을 갖고 전인건강진단서 작성한 것을 토대로 서로의 병을 이야기하고 치유를 위하여 기도한다.
   한 사람씩 나누고 그를 위해 함께 기도한다

둘째 날 새벽
5) 조별로 모여 말씀 묵상을 하고 나누며 기도한다.
   묵상 자료는 이 장 끝부분에 있다.

둘째 날 오전
6) 찬양예배로 아침 예배를 드린다. 조별로 자리를 앉게 한다.
7) 두 번째 강의 "치유의 세계"를 강의한다
8) 치유를 위한 기도를 한다.
   치유 받기를 원하는 사람은 강의 시작 전 치유기도 신청서를 작성하여 제출 하도록 한다. (신청서는 뒤에 있음)
   이름과 직책과 병명과 기간을 적어 내게 하고 그 환자의 수에 따라 기도방법을 정하되 대체로 조별로 조원들이 환자에게 안수하며 기도하도록 한다.

둘째 날 오후
9) 모이면서 찬양을 불러 마음 모으고
10) 세 번째 강의 "가시덤불 밭" "염려와 유혹으로부터의 자유"를 강의한다
    셀 모임을 갖고 "나를 근심하게 하는 것은 무엇인가?"를 나눈다.
    "어떻게 이 근심 걱정을 처리할 것인가?"를 함께 나누고 근심 걱정으로

부터의 자유를 위하여 기도한다.

이 때는 돌아가면서 기도를 하고 나서 다시 통성기도를 할 수 있다.

둘째 날 저녁

모이면서 찬양을 불러 마음 모으고

11) 네 번째 강의 "돌 밭" "상한 마음의 치유"를 강의한다

용서와 고백의 기도를 하도록 개인기도시간을 충분히 갖는다.

12) 산기도 가서 다시 기도하되 특히 사랑의 영으로 충만하기를 구하여 기도하게 한다.

조별 기도에서 고백하지 못했던 일을 고백하고 용서를 선포하도록 인도한다.

셋째 날 새벽

13) 조별로 모여 말씀묵상을 하고 나누며 기도한다.

셋째 날 오전

14) 한 두 사람 간증의 시간을 가진다.

15) 다섯 번째 강의 "길바닥 밭" "사탄의 길 차단하기" 강의를 한다

통성기도를 하며 각자 사탄의 길을 차단하고 사탄에게 열어두었던 문을 닫고 성령님을 모시는 기도를 하게 한다.

16) 파송 예배를 드리고 파송 한다.

전인 치유 수양회

1. 전인치유/ 건강한 삶Well-being Life의 이해

요즘 웰빙이 사람들의 최대 관심사로 떠 오르고 있습니다.

웰빙이란 건강한 삶을 말합니다.

그래서 웰빙 식품 웰빙 주택 웰빙 의상 등 건강을 최대 관심사로 하는 의식주를 개발하고 찾고 있습니다.

그러나 웰빙 문화가 사람의 육체적 건강만을 다룬다면 그것으로는 진정한 웰빙 라이프를 누리기 어려울 것입니다.

왜냐하면 사람은 단순한 육체적 존재가 아니라 훨씬 깊은 내면의 세계를 가지고 있기 때문입니다.

그래서 진정한 웰빙의 삶을 살게 되려면 이 깊은 인간 이해를 바탕으로 다층적 건강을 추구해야 합니다.

1) 3중의 인성구조

사람이 어떤 존재인지 잘 알아야 그 존재가 건강한 삶을 누릴 수 있습니다. 성경은 인간이 3중 구조의 성격을 지니고 있다고 말씀합니다.

> 살전 5:23, 평강의 하나님이 친히 너희로 온전히 거룩하게 하시고 또 너희 온 영과 혼과 몸이 우리 주 예수 그리스도 강림하실 때에 흠 없게 보전되기를 원하노라

영과 혼과 몸으로 구성되어 있는 인간임을 가르쳐 줍니다.

신학적으로는 인간 본성이 영혼과 육체로 되어 있어 2중구조로 보는 견해가 있기도 하고 영, 혼, 육 3중 구조로 되어 있다고 보는 견해가 있고 합니다만 어쨌든 우리가 건강한 삶이라는 주제로 볼 때에 3중 구조로 설명하는 것이 훨씬 이해하기 쉽고 현실적이기도 합니다.

건강한 삶을 이해하는데 사람이 건강 하려면 3차원에서 건강해야 하는 것을 알게 됩니다.

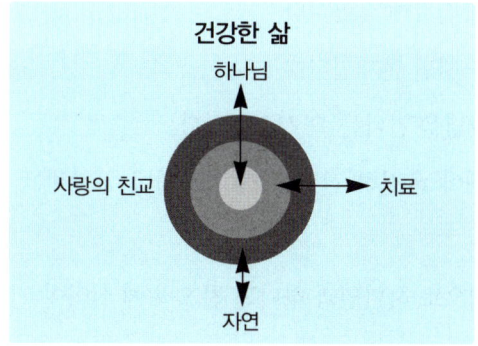

첫째는 육신적으로 건강해야 합니다.

대체로 육신은 자연과 잘 조화되어 살 때 건강합니다.

왜냐하면 인간의 육체는 자연의 일부이기 때문입니다.

둘째는 혼 즉 마음이 건강해야 합니다.

우리의 속 사람인 마음이 건강하지 않으면 행복할 수 없고 마음이 병들면 몸도 영향을 받습니다.

속 사람인 마음은 우리가 보통 지(생각), 정(감정), 의(의지)라 부르는 그 속성이거니와 주로 사람과 관계하는 자리이지요.

우리의 생각과 감정과 의지가 병들면 우리는 불행해 집니다.

그런데 우리의 마음, 속 사람은 대체로 서로간 사랑하며 살 때 가장 건강하고 행복합니다.

인간관계에 갈등이 있거나 상처를 주고 받으면 마음이 병들고 오래도록 부정적인 영향을 미치며 사람을 불행하게 합니다.

그러므로 속 사람인 마음이 건강해야 합니다.

셋째는 영이 건강해야 합니다.

인간은 영을 지닌 존재입니다.

영이란 하나님을 만나는 속 사람입니다.

영이 건강해야 온전히 건강한 것이고 영이 건강해야 기쁨과 행복이 이루어 집니다.

영은 절대적으로 하나님과 하나된 친교 속에 살아야 건강합니다.

하나님을 사랑하고 하나님의 사랑을 받을 때 가장 건강합니다.

그래서 사람이 건강한 삶, 진정 행복한 삶을 누리려면 영이 건강하고 혼이 건강하고 몸도 건강해야 합니다.

그런데 이 세가지 중에도 가장 깊은 곳으로부터 밖으로 우선순위가 있습니다.

영이 건강한 것이 우선이고, 다음에 마음이 건강해야 하고 그러면 거의 몸도 건강한데 자연과 환경적 요인으로 영이 건강하고 혼이 건강해도 몸이 건강치 못할 수도 있기에 몸도 건강해야 합니다.

우리가 여기서 추구하는 것은 영의 회복으로 시작하여 마음의 건강을 회복하고 나아가 몸도 치유되게 하는 것입니다.

영이 가장 중요한 우선 순위입니다. 성경은 말합니다.

요삼 1:2, 사랑하는 자여 네 영혼이 잘 됨 같이 네가 범사에 잘 되고 강건하기를 내가 간구하노라

먼저 영혼이 잘 되어야 하고 다음 범사가 잘되어야 하는데 이는 일반적인 범사이기도 하지만 생각과 감정과 의지를 포함하여 잘 되는 것을 의미한다고 보며 그리고야 강건하게 되는 것입니다.

여기서 강건은 몸의 건강을 의미하는 것이지요.

그러므로 이제 우리는 여기 말씀의 우선 순위를 따라 먼저 영의 질병을 치유하고 영의 건강을 회복하도록 해야 할 것입니다.

그리고는 마음의 질병을 치유하고 속 사람의 건강을 회복하도록 해야 할 것입니다.

그리고 몸의 치유를 위해서도 기도해야 할 것입니다.

우리가 치유를 말할 때 이 우선 순위 즉 영의 근본적 중요성을 인식해야 하고 또 마음의 건강, 내적 인간의 건강의 중요성을 인식해야 하고 그리고 나서 몸의 건강이 이루어지는 우선 순위를 인식하고 들어가야 합니다.

오늘 여기서는 몸의 치유부터 다루고 마음의 치유를 다루며 그리고 영의 치유를 다룰 것입니다.

그러나 영의 중요성과 우선 순위는 변함 없이 중요하게 인식 되어야 하는 것입니다.

2) 질병의 이해

건강이 관계의 조화이기에 질병이란 관계의 불편, 불안이라고 볼 수 있습니다.

질병을 나타내는 단어인 영어의 Disease는 dis 와 ease의 합성어이며 dis는 아니다 ease는 평안으로 disease는 평안치 않은 것이 질병입니다. 질병은 관계가 평안치 않은 데서 옵니다.

몸의 질병은 환경과 자연과 생체의 원리와의 부조화에서 발생하고 또 혼과의 정상적인 관계의 붕괴에서 발생합니다.

혼의 질병은 사람과 사회 관계의 부조화, 갈등 관계, 미움 질투 시기 용서하지 못함 등 인간관계의 부조화에서 주로 질병이 발생합니다.

영의 질병은 하나님과의 관계가 무너진 데서 발생합니다.

하나님과 관계가 정상적이지 못하면 영적 질병이 옵니다.

그러므로 질병의 치유는 관계의 치유에서 시작되어야 합니다.

그리고 이 관계는 근본적으로는 하나님과의 관계요 다음은 인간관계이며 다음은 자연과의 관계입니다.

2. 치유의 하나님

1) 치료하시는 하나님

출 15:26, 가라사대 너희가 너희 하나님 나 여호와의 말을 청종하고 나의 보기에 의를 행하며 내 계명에 귀를 기울이며 내 모든 규례를 지키면 내가 애굽 사람에게 내린 모든 질병의 하나도 너희에게 내리지 아니하리니 나는 너희를 치료하는 여호와임이니라

출 23:25, 너의 하나님 여호와를 섬기라 그리하면 여호와가 너희의 양식과 물에 복을 내리고 너희 중에 병을 제하리니

우리가 여호와를 섬기면 하나님께서는 우리에게 복을 내리시고 질병을 제하리라고 하십니다.

하나님은 자신의 이름을 치료하시는 하나님이라고 말씀 하십니다.

하나님의 말씀대로 살고 하나님의 뜻을 좇아 살면 하나님은 질병을

내리지 아니할 것이며 질병을 제할 것이며 또한 치료하시는 하나님이라고 자신을 소개하며 선포하시는 것입니다.

치료하시는 하나님을 아버지로 모시고 사는 우리는 하나님의 치유를 언제라도 기대하며 믿으며 기도할 수 있습니다.

하나님은 스스로의 이름을 불러 치료하는 여호와라 불렀습니다.

그렇다면 치유는 쉬워집니다.

사람이 고치려면 어렵지만 이름이 치료하시는 하나님이라고 자신이 선포하신 하나님을 우리가 믿을 때 병 고침은 간단히 일어나는 것입니다.

치료하는 하나님을 만나면 고침 받는 것입니다.

믿음으로 치료하시는 하나님에게 자신을 연결시키면 낫는 것입니다.

한번 묵상해 보십시오.

하나님이 자신의 이름을 "치료하는 하나님"이라고 선포하셨습니다.

> **출 15:26,** 가라사대 너희가 너희 하나님 나 여호와의 말을 청종하고 나의 보기에 의를 행하며 내 계명에 귀를 기울이며 내 모든 규례를 지키면 내가 애굽 사람에게 내린 모든 질병의 하나도 너희에게 내리지 아니하리니 나는 너희를 치료하는 여호와임이니라

얼마 전 선교사 영성 수련회에서 이 주제를 가지고 설교하였습니다. 설교가 끝나고 나서 병든 자를 위하여 기도하는 시간을 갖기로 하고 환자는 자기 이름과 병명을 적고 얼마나 고생했는지 햇수도 적으라고

하였습니다.

설교가 끝나면 다 제출하도록 하여 기도하려고 한 것입니다.

그리고는 예정대로 기도하였고 기도하고 나서 치료받은 사람은 간증하라고 하였습니다.

여러 사람이 치료되었음을 확인하고 간증하였습니다.

그런데 병명을 적어 내지 않았던 강 선교사가 간증하겠다고 걸어 나왔습니다.

그러더니 적었던 종이를 펴고 읽었습니다. "퇴행성 허리 디스크로 5년 전에 수술한 바 있는데 그 후로도 계속 아팠습니다.

오늘도 허리가 너무 아파서 앉아 있기가 고통스럽습니다." 그런데 설교시간에 하나님이 자신의 이름을 "치료하는 하나님"이라고 선포한 것을 묵상하고 그 하나님을 만나면 간단히 치료된다는 말씀을 하실 때 '아멘' 하고 과연 그렇구나 하나님이 치료하시는 하나님인데 그 하나님 안에서 나는 치료된 것이라는 믿음이 왔습니다. 그리고 나는 나았습니다.

그 후 목회자 모임이 있었고 모인 목사들이 쉬는 시간에 축구를 하였는데 아르헨티나 축구 때문에 졌다고 투덜거렸습니다. 그 아르헨티나 축구는 바로 강 선교사를 두고 한 말이었습니다. 하나님은 당신의 이름을 걸고 치료하십니다. 이런 간증은 자주 나옵니다.

저는 길성이 백숙이라는 음식점에 자주 갑니다.

이 이야기 하면 그 집 홍보요원인가 선전비를 받나 하실지 모르겠지만 그런 거 없습니다.

가깝기도 하고 음식도 좋아서 자주 가는데 그 집에 가서 영감을 받은 적이 있습니다.

길성이는 그 집 주인입니다.

자기 이름을 걸고 음식을 만들고 손님을 맞이합니다.

그렇다면 이 주인은 자기 이름을 걸고 음식을 맛있고 깨끗하게 만들겠다는 의지를 그 이름에 담은 것이 아니겠습니까? 음식 맛이 없으면 곧 자기 이름이 욕을 먹고 음식 맛이 좋으면 자기 이름이 칭찬 받는 것이지요.

그런데 하나님이 당신 이름을 치료하는 하나님이라 선포하였다는 것입니다. 그러니 하나님이 이름을 걸고 치료하신다는 것이니 반드시 우리가 치료 받게 되지 않겠습니까?

그 이름이 치료하는 하나님이신 하나님을 우리가 믿습니다.

우리는 고침 받는 것이 당연하고 고침 받지 못한다고 생각하는 것은 불신앙이고 부끄러움입니다.

하나님을 믿고 치료의 하나님을 의지하고 치유사역을 하게 되기를 바랍니다.

2) 병을 담당하신 예수님

우리가 치유사역을 기쁨으로 할 수 있고 해야 하는 근거는 또 있습니다. 그것은 십자가의 복음이 치유사역을 포함한다는 것 즉 예수께서 우리의 질병을 담당하시고 십자가에서 보혈을 흘리셨다는 것입니다.

이사야 선지자는 예수께서 십자가에서 상하심으로, 십자가의 대속으로 우리가 나음을 입게 된다는 것을 예언하였고 마태 복음은 예수께서 치유사역을 하고 계신 것이 이 말씀을 이루려는 것이라고 증거합니다.

> 사 53:5, 그가 찔림은 우리의 허물을 인함이요 그가 상함은 우리의 죄악을 인함이라 그가 징계를 받음으로 우리가 평화를 누리고 그가 채찍에 맞음으로 우리가 나음을 입었도다
> 6, 우리는 다 양 같아서 그릇 행하며 각기 제 길로 갔거늘 여호와께서는 우리 무리의 죄악을 그에게 담당시키셨도다
> 마 8:17, 이는 선지자 이사야로 하신 말씀에 우리 연약한 것을 친히 담당하시고 병을 짊어지셨도다 함을 이루려 하심이더라

예수께서 우리의 죄를 담당하시고 십자가에서 보혈을 흘려 대속하실 때 죄값으로 드리워진 질병도 담당하셨습니다.

그렇다면 치유사역은 구속사역의 연장선상에서 필수적인 사역이 되는 것이지요.

제가 경험한 바는 이 사실, 예수께서 우리의 죄와 더불어 질병을 담당하셨다는 메시지만 선포하여도 병 고침의 역사가 일어난다는 것입니다.

물론 십자가의 대속과 병을 짊어지신 사건은 보편적으로는 누구나가 고침 받는 길을 열어 놓았지만 자동적으로 다 치유되는 것일 수는 없다 해도 믿는 자에게 이 대속의 사실은 실현되고 병 고침의 역사는 이루어

집니다.

많은 중에 한 두 가지만 간증한다면 카나다의 위니펙 임마누엘 장로교회에서 설교할 때 "십자가의 은혜"라는 주제로 설교하였습니다.

죄를 담당하신 십자가, 죽음을 담당하신 십자가, 저주를 담당하신 십자가 그리고 질병을 담당하신 십자가를 증거하였습니다.

그런데 두 사람이 이 말씀을 듣고 '아멘' 하고는 고침 받았다고 간증하였습니다.

한 사람은 찬양대에서 봉사하는 플룻 연주자였는데 아토피성 피부염이 치료 되고 얼굴에 붉은 반점이 다 사라졌습니다.

다른 이는 피아노 반주자였는데 여러 해 동안 만성 기침 환자라서 고통 때문에 노래 부르는 일은 못하였는데 이 메시지를 들으며 "맞아" 하고 속으로 '아멘' 하였는데 그 순간 기침 병이 치료되어 살아계신 하나님 체험과 치유의 축복이 감격스럽다고 눈물로 간증하더군요.

한번은 브라질 쌍파울의 한인교회에서 수요일 설교를 하는데 "십자가의 은혜"를 주제로 설교하였는데 그 때 사실 나는 너무 지쳐서 목이 쉬어 목소리도 간신히 나오는 때였으나 그 설교 중에 질병을 짊어지신 예수님을 선포하자 예배에 참석했던 선교사님 한 분이 디스크가 치료되었다고 내게 간증하였습니다.

이러한 간증은 매우 많습니다.

예수님은 우리의 질병도 담당하셨고 믿고 기도하면 치유를 받습니다.

3) 치유의 기름을 부으시는 성령님

우리가 치유를 믿고 기대하는 또 하나의 근거는 성령님도 치유하시는 성령님이라는 것입니다.

치료하시는 하나님 여호와, 우리의 질병을 담당하신 예수님, 그것을 근거로 치유를 위하여 기름 부으시는 성령님이 오늘날 각자에게 치유가 적용되고 치유가 실현되게 하신다는 것입니다.

그러므로 우리가 사모하여 성령님이 임재 하는 현장이 되고 성령께서 운행하는 현장이 되면 그 안에서 많은 사람이 치유되는 것을 보게 됩니다.

> **사 61:1**, 주 여호와의 신이 내게 임하셨으니 이는 여호와께서 내게 기름을 부으사 가난한 자에게 아름다운 소식을 전하게 하려 하심이라 나를 보내사 마음이 상한 자를 고치며 포로된 자에게 자유를, 갇힌 자에게 놓임을 전파하며
> **눅 4:18**, 주의 성령이 내게 임하셨으니 이는 가난한 자에게 복음을 전하게 하시려고 내게 기름을 부으시고 나를 보내사 포로된 자에게 자유를, 눈 먼 자에게 다시 보게 함을 전파하며 눌린 자를 자유케 하고
> **19**, 주의 은혜의 해를 전파하게 하려 하심이라 하였더라

이 땅에서 예수님께서 사역하실 때 성령의 기름 부으심으로 치유사역을 하셨고 지금 우리도 성령의 기름 부으심을 따라 치유사역을 해야 합니다.

기름을 발라 고쳤다, 기름을 발라 고치라는 말씀이 있습니다.

이는 우리가 무슨 물리적인 기름을 약처럼 바르라는 것이 아닐 것입니다. 성령으로 기름 부으심이 있게 하라는 말씀이겠지요.

우리는 성령께서 치유의 기름을 부어 주심을 믿고 성령을 의지하여 기도하고 치유를 행하는 것입니다.

막 6:12, 제자들이 나가서 회개하라 전파하고
13, 많은 귀신을 쫓아내며 많은 병인에게 기름을 발라 고치더라
약 5:14, 너희 중에 병든 자가 있느냐 저는 교회의 장로들을 청할 것이요
그들은 주의 이름으로 기름을 바르며 위하여 기도할지니라

연산 중앙감리교회에서 부흥회를 하는 중에 하루는 치유의 하나님이라는 제목으로 바로 이 삼위일체 하나님이 치유의 하나님이라는 메시지를 전하였습니다. 그리고 환자를 불러 앞으로 나오게 하고 나머지 사람들은 둘러서서 공동으로 안수하고 고침 받도록 성령님이 지금 임하시고 기름 부어 주시고 치료해 달라고 기도하는 시간을 가졌습니다.

그날 환자가 약 50명 정도 기도 받게 되었는데 나중에 담임 목사님 보고에 따르면 30명이 치유되었음이 확인 되었다고 하였습니다.

최근 들어 치유사역이 필수과목이라는 깨달음이 온 후에는 부흥회 하면서 한 번은 치유의 메시지를 전하고 치유를 위한 기도를 하는데 대략 모인 사람의 40-50%가 병이 있다고 치유기도를 받으러 나오고 함께 기

도한 후에는 그 중에 30-50%가 고침 받는 것을 보았습니다.

치유의 기름을 부어 주시는 성령님을 의지하고 기도하고 선포하는 것입니다.

하나님께서는 삼위일체적으로 치유하십니다.

치료하는 여호와, 질병을 담당하신 예수님, 이를 근거로 치유를 위하여 기름 부으시는 성령님, 이 하나님을 믿는 우리에게는 치유는 자연스러운 것이요 쉬운 것입니다.

3. 치유의 세계

이제 어떤 경우 어떻게 치유가 일어나는지 살펴 보도록 하겠습니다.

치유에는 어떤 공식이 존재하지는 않습니다.

치료하시는 하나님과 병든 자와 중보기도자 사이에서 치유가 즉시 일어나기도 하고 오랜 시간 기도를 통하여 이루어지기도 합니다.

다만 치유가 잘 일어나는 경우와 그 원리를 살펴보는 것입니다.

치유는 전적으로 하나님의 영역입니다.

우리는 다만 그분을 믿고 의지할 뿐입니다..

1) 말씀의 세계

창 1:3, 하나님이 가라사대 빛이 있으라 하시매 빛이 있었고

히 4:12, 하나님의 말씀은 살았고 운동력이 있어 좌우에 날선 어떤 검보다

도 예리하여 혼과 영과 및 관절과 골수를 찔러 쪼개기까지 하며 또 마음의 생각과 뜻을 감찰하나니

치유의 세계는 말씀의 세계입니다.

말씀이 선포되는 곳에서 치유가 일어납니다.

하나님의 말씀이 선포되는 곳에서 창조의 역사가 일어 났습니다.

창조 기사에 보면 하나님의 신 즉 성령이 운행하시는 중에 "빛이 있으라" 말씀이 선포 되면 그대로 창조의 역사가 일어 났습니다.

치유에서도 말씀이 선포 될 때 성령이 운행하시면서 말씀과 더불어 치유의 역사를 일으키십니다.

하나님의 말씀은 운동력이 있기 때문입니다.

혼과 영과 및 관절과 골수를 찔러 쪼개는 능력이 있기에 말씀이 선포되는 곳에서 혼이 치유되고 영이 치유되고 몸이 치유됩니다.

어느 해 6월 셋째 주 서울 북지방 교역자 협의회에서 37명이 훈련원에 들어와 단기 특별 영성 훈련을 하게 되었는데 첫 시간 말씀 설교가 있은 후 저녁 시간까지 쉬는 시간에 축구를 하였습니다.

저녁 식탁에 앉아 있는데 한 목사님이 와서 보고하였습니다.

오랫동안 관절통으로 계단을 오르내리기 힘들어 난간을 붙잡고 오르내렸었는데 말씀을 듣는 중에 성령이 자기에게 임하시고 무릎이 따뜻함을 느끼며 통증이 사라졌답니다.

확인할 겸 축구를 하러 나갔는데 한 시간 동안 축구를 하여도 무릎에

통증이 없고 완전히 치유되었다는 것입니다.

그래 다음날 그분에게 간증하라 하였더니 간증한 후 다른 목사님이 나와서 첫 시간에 그 분도 허리 디스크를 고침 받아 축구를 할 수 있었다고 간증하고 또 다른 사모님은 퇴행성 관절염을 고침 받았다고 하였습니다.

말씀이 선포되는 곳에 치유의 역사가 일어납니다.

말씀을 경청하면서 고침 받은 간증이 많습니다.

그러니 우리 설교자들은 설교가 하나님의 말씀의 선포가 되도록 묵상하고 기도하고 받은 메시지를 성령으로 선포되게 해야 합니다.

그리 되면 말씀이 곧 치유를 일으킵니다.

내적 치유 외적 치유가 다 일어 납니다.

성도들은 말씀 선포 가운데 들려오는 하나님의 메시지를 귀 기울여 들어야 합니다. 그리고 말씀 가운데서 하나님을 만나고 하나님의 음성을 들어야 합니다.

그렇게 되면 말씀이 인생을 치유합니다.

말씀이 영을 치유합니다.

말씀이 마음을 치유합니다.

말씀이 몸도 치유합니다.

게다가 치유의 메시지를 전하게 되면 치유가 더 많이 직접적으로 일어 납니다.

그러므로 우리는 치유 메시지도 하나님의 말씀 중 중요한 메시지임을 인식하고 믿고 선포해야겠습니다.

2) 기도의 세계

약 5:15, 믿음의 기도는 병든 자를 구원하리니 주께서 저를 일으키시리라
　　　　혹시 죄를 범하였을지라도 사하심을 얻으리라
막 16:17, 믿는 자들에게는 이런 표적이 따르리니 곧 저희가 내 이름으로
　　　　귀신을 쫓아내며 새 방언을 말하며
18, 뱀을 집으며 무슨 독을 마실지라도 해를 받지 아니하며 병든 사람에게
　　　　손을 얹은즉 나으리라 하시더라

치유의 세계는 기도의 세계입니다.

하나님께서는 우리가 병들었을 때에 서로 병 낫기를 위하여 기도하라고 하십니다. 믿음의 기도는 병든 자를 구원한다는 것입니다.

한번은 사모 훈련 중 전 해에 훈련 받고 식당과 그룹리더로 봉사하러 오신 분이 있었는데 첫날 와서 부엌에서 일하다 말고 아프다고 방에 누웠습니다. 어디가 아프냐고 물어보았더니 20년 동안 치질을 앓았는데 지금 너무 아프다는 것입니다.

부엌에서 일하던 사모님들이 다 모여서 합심하여 사랑을 쏟아 부으며 땀을 흘리며 기도하였습니다.

기도가 끝나자 화장실을 다녀오더니 "할렐루야 하나님께서 치료하셨

습니다." 찬양하고 부엌에 가서 다시 일하기 시작합니다.

다음날 훈련 중에 있는 사모님들에게 간증하라 하였더니 간증하였고 간증이 끝나자 다른 사모님 세 분이 자기들도 치질이라고 하여 아픈 사모님들을 중심으로 세 그룹으로 나눠서 기도하였습니다.

그리고 그날 하나님은 우리 훈련원에 치질 클리닉을 여시고 다 고쳐주셨습니다.

믿음으로 기도하는 것입니다.

하나님은 믿음의 기도에 응답하십니다.

몇 해 전 카나다의 위니펙에서 목회하는 한인교회 목회자 부부들이 특별 영성 훈련차 모였습니다.

여러 주제로 훈련하다가 치유사역에 대하여 강의하고 치유사역을 해야한다고 가르쳤습니다.

그리고는 우리 중에 병든 자가 있으면 당장 기도하자고 하였습니다. 목사들이 믿고 기도하는 일은 더 어려운 것 같습니다.

모인 인원이 20여명에 불과하긴 했지만 다섯 명이 기도 받겠다고 나왔습니다.

그래서 나머지 15명을 한 사람 당 3명씩 책임지고 치유를 위하여 기도하라고 하고 함께 기도했습니다.

다음 날 치료된 사람은 간증하라고 시간을 주었습니다.

아무도 간증하러 나오질 않는 것입니다.

그래서 이렇게 한 사람도 치유되지 않은 것은 오히려 기적이라고 말하면서 그렇다면 다시 기도하자며 다시 다 나오라 하였습니다.

잠시 머무적거리더니 키가 큰 목사님이 나왔습니다.

"저는 어제 목 디스크 환자로서 기도 받았습니다. 그런데 고침 받은 것이 분명합니다. 그런데 왜 간증하러 나오지 않았느냐 하면 집에 가서 목뼈 사진까지 찍어서 확인 한 후 간증하려고 했는데 또 기도 받으러 나오라 하니 또 기도 받을 일은 아닌 것 같습니다.

저는 어제 기도 받고 그 당시에는 고침 받은 줄을 몰랐습니다. 오늘 아침 식사 전에 우리 목사들이 30분 정도 족구를 하게 되었습니다. 나도 뒤에 서서 족구를 하고 있는데 공이 날아 오는 것이 내가 발로 받을 수 없는 위치와 속도로 날아와서 엉겁결에 머리로 받았습니다. 그런데 멋지게 받아 넘겨 한 점을 득점했습니다.

목뼈가 휘어진 디스크 환자로서 목을 쓰지 못하는 내가 머리로 즉 목으로 공을 받아 넘긴 것입니다. 그래서 나도 깜짝 놀라며 목을 움직여 보았는데 전혀 아프지 않습니다. 내가 고침 받은 것은 확실 합니다."

그러자 다른 목사님이 또 나왔습니다.

그분은 이렇게 간증했습니다.

"나는 고혈압 환자로서 어제 기도 받았습니다. 혈압이 높아서 하루에 두 차례씩 혈압 조절 약을 먹지 않으면 목이 **뻣뻣**해지고 머리가 아프고 침이 마르고 입술이 허옇게 됩니다. 그런데 어제 기도 받은 이후 약을 한 번도 먹지 않았는데 목이 뻣뻣해 지지도 않았고 부드러우며 머리도 아프지 않고 산뜻하며 입술이 마르지 않고 촉촉합니다. 나도 돌아가 혈압을 재어 보고 간증하려 했는데 고침 받은 것이 확실합니다."

그러자 또 한 분 목사님이 나왔습니다.

"저는 위와 장이 아프고 소화가 안되며 설사를 해왔습니다. 그런데 어제 기도 받고는 무슨 변화가 일어났다는 것이 당장 느끼지는 못 했는데 그 시간 이후 위가 아프지 않으며 어제 저녁과 오늘 아침 잘 먹고 오늘 아침에는 설사하지 않고 김밥 같은 대변이 나왔습니다."

이렇게 세 명이 간증을 하였고 나머지는 간증도 없고 또 기도 받으러 나오지도 않았습니다.

그런데 그 중 고혈압으로 고생하다가 고침 받은 목사님은 훈련이 끝난 그 주간 금요일 밤에 자기네 교회 심야 기도회에서 똑 같은 방식으로 본 대로 배운 대로 치유를 위한 기도를 하였더니 신자 중 반신불수였던 분이 풀려서 자유롭게 몸을 움직이게 되었다고 토요일 아침 내가 묶는 호텔로 전화하여 간증을 하고 혈압을 재본 결과 70에 130 정상으로 나온다고 좋아했습니다.

저는 이렇게 서로 사랑하여 기도하게 하므로 많은 병자들이 고침 받는 것을 보았습니다.

기도할 때 가장 많이 고침 받더군요.

우리는 적극적으로 치유를 위한 기도를 할 필요가 있고 그렇게 해야 교회가 살아 움직이는 공동체적 사랑과 하나님 체험을 하게 되어 부흥의 단초가 되는 것입니다.

3) 말의 세계
롬 10:10, 사람이 마음으로 믿어 의에 이르고 입으로 시인하여 구원에 이르느니라
민 14:28, 그들에게 이르기를 여호와의 말씀에 나의 삶을 가리켜 맹세하노라 너희 말이 내 귀에 들린 대로 내가 너희에게 행하리니

우리가 하나님의 말씀에 근거한 말을 하면 그 말씀이 우리가 말한 대로 역사합니다.

우리가 믿는다면 믿음의 말을 해야 합니다.

나는 종종 말씀에 근거하여 하나님께서 오늘 이곳에 오셨습니다.

그리고 오늘 여러분을 치유하십니다. 라고 선포하고 말합니다.

그 때 하나님은 역사하는 경우가 많았습니다.

우리가 믿는 것을 말로 시인해야 합니다.

우리가 믿음의 말을 하면 믿음의 말대로 됩니다.

하나님은 이스라엘이 불신앙의 말을 했을 때 "너희 말이 내 귀에 들린대로 내가 너희에게 행하리라"고 하셨습니다.

이스라엘은 하나님을 불신하는 말을 한 대로 가나안에 들어가지 못하고 광야에서 다 죽고 신세대만 들어 갔습니다.

구세대 중에 가나안에 들어간 사람은 믿음의 말을 했던 여호수아와 갈렙 뿐이었습니다. 우리는 믿음의 말을 해야 합니다.

　말씀대로 믿고 말해야 합니다.

　"여호와는 치료하시는 하나님입니다." 말씀에 근거하여 "치료의 하나님이 나의 질병을 치료하셨습니다."라고 말할 수 있는 믿음이면 말대로 치유됩니다.

　"예수님께서 나의 질병을 담당하셨으므로 나의 질병은 떠나 갔습니다."라고 말하면 말대로 됩니다.

　"성령님이 치유의 영으로 오시며 치유하십니다.

　그분이 나의 병도 치유하십니다."라고 믿고 말하면 치유됩니다.

　하나님께서는 믿음의 말을 들으시고 인치시기 때문입니다.

　몇 해 전 훈련을 진행하다가 훈련생 중에 환자들이 있다 하여 치유를 위한 기도를 하기로 했습니다.

　치유 받기를 원하는 사람 나오라 하니 10명이 나왔습니다.

　그들을 놓고 나머지 사람들이 각각 분담하여 사랑의 중보기도를 하며 치유를 위하여 기도하였습니다.

　다음 날 확인하고 간증을 하라 했더니 세 명이 고침 받았다고 간증했습니다. 그래서 나머지 7명을 위하여 한 번 더 기도하기로 하였습니다. 그 시간에는 나도 기도를 받겠다고 하였습니다.

　왜냐하면 치통이 심해서 음식을 씹을 때 신경을 건드려서 심한 통증을 느끼고 있었기 때문입니다.

매우 고통스러워 치과에 갔지만 정확하게 어느 치아인지를 찾지 못하고 있던 중이었습니다.

어금니 여러 개가 해 넣은 것이어서 정확하게 어느 것이 아픈 치아 인지를 알 수가 없어서 이 것인가 저 것인가 찾느라 고생하고 있던 터라 기도 받고 고침 받고 싶었습니다.

내가 기도 받으러 내려가자 이제야 믿음이 오는지 용기가 생기는지 기도 받겠다고 나오는 사람이 또 있어서 환자가 도로 10명이 되어 기도를 받게 되었습니다. 내가 기도 받게 되니까 기도를 진행하고 대표 기도하여 마무리 할 사람이 필요해서 제일 나이 어린 전도사님에게 그 일을 맡겼습니다.

전도사님이 할 수 있으면 누구라도 할 수 있다는 것도 보일 겸 막내가 대표로 기도 인도하고 대표로 선포하고 마감 기도하도록 했지요.

기도가 한동안 열심으로 진행되고 나서 전도사님이 마감 기도하면서 선포와 명령 기도도 본 대로 배운 대로 시행하였습니다.

보통 다른 목사님들을 위해 기도할 때는 "ㅇㅇㅇ 목사님의 질병은 치유될지어다." 이렇게 선포하는데 나를 위해 기도할 때는 "이강천 목사의 치통은 치유되었느니라." 이렇게 선포하는 것입니다.

나는 '아멘' 하였습니다.

기도가 끝난 후 어떻게 내 기도할 때는 이미 치유된 것으로 선포하게 되었느냐고 물었더니 자신은 모른다고 했습니다.

나는 성령께서 하게 하신 선포인줄 믿고 믿음으로 나은 것으로 알고 저녁 식탁에 갔습니다.

첫 숟가락으로 콩나물을 한 젓가락 집어 넣고 그 치통이 있던 왼쪽 이로 씹었습니다.

찌리릿~~ 하고 통증이 왔습니다.

전혀 변화가 없었지요. 왼쪽으로는 더 이상 씹지 못하고 오른 쪽으로 간신히 씹어 삼키고는 말했습니다.

'치통아 네가 예수의 이름을 무엇으로 알고 예수 이름으로 선포 되었거늘 아직 남아 있단 말이냐? 썩 사라지거라.'

그리고는 다시 콩나물을 한 젓가락 넣고 왼쪽으로 또 씹었습니다.

다시 찌리릿~ 하고 통증이 치밀었습니다.

'아직 안 나았잖아.' 이렇게 말할 뻔 했습니다.

그러나 나는 다시 믿음을 가다듬고 말했습니다.

'치통아 너는 떠나야 해. 예수이름으로 명령을 받았잖아. 속히 떠나가거라.'

그리고는 다시 콩나물을 한 젓가락 집어 왼쪽으로 씹었습니다.

여전히 찌리릿~ 하고 통증이 왔습니다.

잠시 갈등이 생깁니다.

아니야 이것은 고침 받은 것이야 생각하고 다시 말했습니다.

'치통아 내가 분명이 말한다. 너는 떠나가라. 나는 예수 이름으로 치유되었느니라. 나는 내 왼쪽 이로 씹을 것이야.'

어린아이 같은 믿음으로 말했습니다.

그리고 왼쪽으로 또 씹었습니다.

통증이 오지 않습니다.

그 이후 지금까지 5년 동안 통증을 느끼지 않습니다.

치통이 사라진 것입니다.

믿음의 말을 주님은 인치시고 응답하셨습니다.

아울러 기본적으로 우리는 긍정적인 말을 해야 합니다.

사실 몸이 병들었다 몸이 치유되었다 하는 것보다 더 중요한 것은 인생이 병드는 것과 인생이 치유되는 것입니다.

그런데 사람이 부정적인 말을 하며 사는 사람은 인생이 병듭니다.

인생이 병들면 몸도 병들 것은 뻔한 일입니다.

긍정적인 말은 긍정적인 인생을 가져 옵니다.

긍정적인 생각은 긍정적인 인생을 낳고 긍정적인 말은 긍정적인 역사를 만듭니다.

그러므로 긍정적인 말을 사용하는 것이 중요합니다.

나는 몸이 늘 약해서 어려움을 겪곤 하였습니다.

그리고 늘 내 입에서 피곤하다는 말이 떠나지 못했습니다.

그러던 어느 날 긍정적인 말의 중요성을 깨닫고 피곤하다는 부정적인 말을 내 입에서 제하여 버리기로 하였습니다.

피곤하다는 표현을 하고 싶으면 " 나 내일은 박력 있게 일어날 거야!" 라고 말했습니다.

아침에 일어날 때부터 몸이 무거우면 짜증을 내면서 왜 이렇게 아침부터 몸이 무거운거야 하며 일어나던 습관을 고치기로 했습니다.

몸이 무거우면 "할렐루야" 소리치며 이불을 걷어 찹니다.

그리고 일어나서 "할렐루야 우리예수 부활 승천 하셨네" 하며 부활찬송을 불러 버립니다.

그런데 이렇게 부정적인 말을 제하고 긍정적인 말을 하게 되자 몇 달 안 가서 나는 피곤을 잊고 살게 되고 상당히 몸이 좋아지고 거뜬해 지는 축복을 누리게 되었습니다.

또한 늘 감사하는 말을 사용해야 합니다.

감사는 하나님의 축복의 세계에 코드를 꽂는 것과 같습니다.

감사하는 말만 하며 살면 그 인생은 축복을 받습니다.

건강해집니다.

일본 목사님이 쓴 글을 읽다가 이런 간증을 발견했습니다.

신자 중에 한 사람이 반신불수가 되었답니다.

그를 위하여 기도할 때 성령께서 가르치시기를

"그 녀석은 내 은혜와 치유를 받기 위하여 말부터 고쳐야 하느니라. 그는 입만 열면 불평이요, 짜증이요, 원망이다. 그에게 감사의 말을 연습하라고 일러라."

그래서 목사님은 그 신자에게 가서 하루에 만 번씩 감사의 말을 하도록 숙제를 냈습니다.

다행이 그 환자는 목사님의 말을 받아들여 매일 만 번씩 감사의 말을 하나님을 향하여 사람을 향하여 "감사합니다. 고맙습니다." 그렇게 종일 말하곤 했습니다.

몇 개월 지나서 그는 수족이 풀리고 건강을 회복하게 되었다는 것입니다.

감사는 하나님을 신뢰하는 것이고 하나님의 축복의 세계에 코드를 꽂는 일입니다. 감사의 말은 축복을 부르고 감사의 말은 인생을 건강하게 만듭니다.

4) 믿음의 세계

마 17:20, 가라사대 너희 믿음이 적은 연고니라 진실로 너희에게 이르노니 너희가 만일 믿음이 한 겨자씨만큼만 있으면 이 산을 명하여 여기서 저기로 옮기라 하여도 옮길 것이요 또 너희가 못할 것이 없으리라

마 9:29, 이에 예수께서 저희 눈을 만지시며 가라사대 너희 믿음대로 되라 하신대

치유의 세계는 믿음의 세계입니다.
하나님을 믿는 믿음으로 말미암아 일어납니다.

우리가 치유하시는 하나님을 믿고 신뢰하고 의지하고 말씀을 그대로 믿는 것입니다.

하나님은 치료하시는 하나님 입니다.

그대로 믿는 것입니다.

일단 믿음이 오면 치유가 일어납니다.

우리는 믿어야 하고 또는 믿음의 은사를 받아야 합니다.

말씀을 믿을 것
마 8:17, 이는 선지자 이사야로 하신 말씀에 우리 연약한 것을 친히 담당하시고 병을 짊어지셨도다 함을 이루려 하심이더라

기도응답을 믿을 것
막 11:24, 그러므로 내가 너희에게 말하노니 무엇이든지 기도하고 구하는 것은 받은 줄로 믿으라 그리하면 너희에게 그대로 되리라

말한 것을 믿을 것
마 17:20, 가라사대 너희 믿음이 적은 연고니라 진실로 너희에게 이르노니 너희가 만일 믿음이 한 겨자씨만큼만 있으면 이 산을 명하여 여기서 저기로 옮기라 하여도 옮길 것이요 또 너희가 못할 것이 없으리라

부산에 있는 한 교회에서 일일 부흥회를 하는데 오후 시간에 환자를 위한 기도 시간을 갖고 아픈 사람 일어나라고 하였습니다.

많은 사람이 일어났습니다.

그런데 그 중에 다리가 아파서 스스로 걷지 못하고 부축을 받아 교회에 온 분이 있었는데 혼자 투덜댔답니다.

"다리 아픈 사람 고쳐 주고 일어나라 해야지 일어나면 고쳐 준다고 하면 나는 어떻게 하란 말이야" 하면서 투덜대고 있는데 "일어나라면 일어날 것이지 무슨 잔소리가 많아" 하며 누가 뒤통수를 때려서 깜짝 놀라 일어나 둘러보니 아무도 자기를 때린 사람은 없고 자신은 일어나 있었고 그 시로 고침 받아 걸어 갔다고 보고 하였습니다.

하나님은 믿음을 도우시기도 하시고 믿음을 도전하시기도 하십니다.

믿음이 치유의 세계를 엽니다.

믿음은 치유하시는 하나님께 자신을 연결하는 끈입니다.

케네쓰 해긴 목사님의 글에 이런 이야기가 있더군요.

해긴 목사님이 치유 집회를 하고 있던 어느 날 밤 설교 현장으로 들어가는 입구에서 어떤 신자가 해긴 목사님을 붙들고 지금 즉시 자기를 위하여 안수하여 달라고 막무가내로 떼를 쓰고 있었답니다.

담임 목사님이 이를 제지하며 말했습니다.

"설교 후에는 일일이 안수해 줄 것인데 기다리고 은혜 받고 안수 받으시지 왜 이러십니까?"

"저 바쁘단 말입니다."

"무엇이 그리 바쁩니까?"

"저 너무 아파서 앉아 있지도 못합니다. 얼른 안수 받고 가서 침대에

누워야 합니다."

이렇게 믿으면 안수한들 무슨 치유를 받을 수 있겠습니까?

믿음은 보편적인 은혜를 내 것으로 만드는 열쇠입니다.

믿음으로 말씀을 붙들고 말씀대로 선포하고 믿음으로 기도하고 기도하는 바를 믿어야 하나님의 은혜를 경험할 수 있습니다.

믿고 말하고 말한 바를 믿으면 믿음대로 주님이 응답하시는 역사를 보는 것입니다.

5) 찬양의 세계
시 103:2, 내 영혼아 여호와를 송축하며 그 모든 은택을 잊지 말지어다
3, 저가 네 모든 죄악을 사하시며 네 모든 병을 고치시며
시 22:3, 이스라엘의 찬송 중에 거하시는 주여 주는 거룩하시니이다

찬양하는 시간에 주님께서 자주 치유하십니다.

찬양 받으시는 주님께서 찬양 가운데 임하신다는 것을 보여 주는 것이지요.

우리 훈련원에서는 찬양하다가 고침 받은 간증도 자주 있습니다.

한 번은 어깨 디스크 환자인 목사님이 있었는데 찬양예배 드리는 중에 찬양 인도자가 손을 올리고 찬양하자고 하니까 자기가 어깨 디스크 환자라서 손을 못 올린다는 것을 잊어 버리고 손을 들어 올리고 찬양하게 되었습니다.

한참 찬양하다 보니까 자기가 손을 높이 들어 올리고 찬양하고 있는 것 입니다.

그는 감격하였습니다.

아마 나는 어깨 디스크 환자라 손을 못 든다고 생각하고 있었으면 손을 들지 못했을 것입니다.

그것을 잊어 버리고 오직 주님만 찬양했기에 손이 올라갔고 치유되었습니다. 이런 경우가 자주 있습니다.

13년 전에 다리의 인대가 끊어지고 또 인대가 썩어서 인공 인대를 넣어 수술한 목사님이 우리 훈련원에 오신 적이 있습니다.

의사가 말한 대로 무릎을 굽히지는 못하지만 걷는 데는 지장이 없다니 감사하고 살았답니다.

그러나 그래도 목사가 무릎을 꿇고 기도하고 싶다는 소원이 있었다는 군요.

그러면서도 자기는 무릎을 꿇을 수 없는 운명이 된 거라고 생각하여 기도하지도 않았답니다.

그런데 여기 바나바 영성 수련회에 와서 다른 목사님들 치유 간증을 들으면서 전능하신 하나님이 손을 대시면 인공인대로 수술한 경우인들 못 고칠 것 있겠나 하는 믿음이 생겨서 무릎을 꿇고 기도할 수 있게 해 달라고 기도하기 시작하였다는 간증을 하였습니다.

다음날 강의하러 나가니 그 목사님이 맨 먼저 강의실에 앉아 학습준비를 하고 있었습니다.

그를 보고 내 마음에 도전이 왔습니다.

그래서 내가 말했습니다.

"목사님, 언젠가는 고침 받고 무릎 꿇을 수 있는 날이 오리라는 믿음을 갖게 되었다고 간증하셨는데 오늘이 그날이 되게 합시다."

"네? 오늘이요?"

"네, 바로 오늘입니다. 오늘 무릎을 꿇는 것입니다."

"아, 그래요. 오늘이요? 그러지요 뭐 기도해 주세요."

오신 목사님들이 다 강의실로 들어왔습니다.

그래서 오늘 목사님 무릎 꿇는 날이 되게 다 같이 기도하자고 제안했습니다.

그 목사님을 의자에 앉히고 다 나와서 둘러 섰습니다.

그리고 간절히 기도했습니다.

기도가 끝났는데 그 목사님은 무릎을 꿇어 보지도 않고 그냥 의자에서 자기 의자로 옮겨갔습니다.

그래서 나는 그대로 강의를 했습니다.

당장에는 아무 것도 응답으로 나타나지 않은 것 같았습니다.

파송 예배 시간에 찬양으로 예배하는데 갑자기 그 목사님이 무릎을 꿇고 감격하며 눈물로 찬양하는 것입니다.

찬양하고 있을 때

"내가 다 고쳐주었거늘 어찌하여 무릎을 꿇지 않느냐?"

는 음성이 들려와 그대로 무릎을 꿇었다는 것입니다.

다른 사람들은 서서 찬양하는 시간 내내 그 분은 너무 감격하여 무릎을 꿇고 찬양하고 우리에게 간증하고 교회에 돌아가 신자들에게 눈물과 감격으로 하나님의 사랑과 능력을 간증하였다고 하더군요.

찬양 중에 거하시는 주님을 만난 것입니다.

4. 가시떨기 밭 (염려와 욕망으로부터의 자유)

마 13:3, 예수께서 비유로 여러 가지를 저희에게 말씀하여 가라사대 씨를 뿌리는 자가 뿌리러 나가서

4, 뿌릴새 더러는 길가에 떨어지매 새들이 와서 먹어 버렸고

5, 더러는 흙이 얇은 돌밭에 떨어지매 흙이 깊지 아니하므로 곧 싹이 나오나

6, 해가 돋은 후에 타져서 뿌리가 없으므로 말랐고

7, 더러는 가시떨기 위에 떨어지매 가시가 자라서 기운을 막았고

8, 더러는 좋은 땅에 떨어지매 혹 백 배, 혹 육십 배, 혹 삼십 배의 결실을 하였느니라

마 13:18, 그런즉 씨 뿌리는 비유를 들으라

19, 아무나 천국 말씀을 듣고 깨닫지 못할 때는 악한 자가 와서 그 마음에 뿌리운 것을 빼앗나니 이는 곧 길가에 뿌리운 자요

20, 돌밭에 뿌리웠다는 것은 말씀을 듣고 즉시 기쁨으로 받되

21, 그 속에 뿌리가 없어 잠시 견디다가 말씀을 인하여 환난이나 핍박이 일어나는 때에는 곧 넘어지는 자요

22. 가시떨기에 뿌리웠다는 것은 말씀을 들으나 세상의 염려와 재리의 유혹에 말씀이 막혀 결실치 못하는 자요
23. 좋은 땅에 뿌리웠다는 것은 말씀을 듣고 깨닫는 자니 결실하여 혹 백 배, 혹 육십 배, 혹 삼십 배가 되느니라 하시더라

우리의 마음이 건강하기 위하여 마음에 든 병을 씻어 내고 치유 받아야 합니다.

씨 뿌리는 자의 비유는 우리의 마음 밭에 대하여 이야기 하고 있는데 이 비유를 통하여 우리 마음의 병을 분석하고 치유 받도록 하겠습니다. 이 비유에서는 길가, 돌밭, 가시덤불 그리고 좋은 땅으로 되어 있는데 우리는 다루는 순서를 좀 바꾸겠습니다.

먼저 가시떨기 마음, 다음은 돌밭 마음 그리고 길바닥 마음 순서로 다루겠습니다.

이들이 다 치유되면 좋은 밭이 되겠지요.

1) 세상의 염려

가시떨기 밭에서는 하나님의 말씀이 잘 자랄 수 없다고 합니다.
그것은 마음이 건강하지 못하기 때문입니다.
마음에 염려를 가지고 사는 한 우리의 마음이 건강하지 못합니다.
염려는 마음의 병 뿐 아니라 나중에는 몸의 질병도 가져 옵니다.
염려로부터 해방되어야 건강합니다.

염려로부터 해방 되기 위하여 무엇보다도 우리 삶의 근거를 하나님께 두어야 합니다.

하나님을 믿는 믿음으로 우리의 삶을 하나님께 맡기고 살아갈 수 있어야 합니다.

마태복음 6장에는 이 염려로부터 치유되는 비결을 가르쳐 줍니다. 염려를 극복하는 원리 말이지요.

마 6:25, 그러므로 내가 너희에게 이르노니 목숨을 위하여 무엇을 먹을까 무엇을 마실까 몸을 위하여 무엇을 입을까 염려하지 말라 목숨이 음식보다 중하지 아니하며 몸이 의복보다 중하지 아니하냐
26, 공중의 새를 보라 심지도 않고 거두지도 않고 창고에 모아 들이지도 아니하되 너희 천부께서 기르시나니 너희는 이것들보다 귀하지 아니하냐
27, 너희 중에 누가 염려함으로 그 키를 한 자나 더할 수 있느냐
28, 또 너희가 어찌 의복을 위하여 염려하느냐 들의 백합화가 어떻게 자라는가 생각하여 보라 수고도 아니하고 길쌈도 아니하느니라
29, 그러나 내가 너희에게 말하노니 솔로몬의 모든 영광으로도 입은 것이 이 꽃 하나만 같지 못하였느니라
30, 오늘 있다가 내일 아궁이에 던지우는 들풀도 하나님이 이렇게 입히시거든 하물며 너희일까보냐 믿음이 적은 자들아
31, 그러므로 염려하여 이르기를 무엇을 먹을까 무엇을 마실까 무엇을 입을까 하지 말라
32, 이는 다 이방인들이 구하는 것이라 너희 천부께서 이 모든 것이 너희

에게 있어야 할 줄을 아시느니라
33, 너희는 먼저 그의 나라와 그의 의를 구하라 그리하면 이 모든 것을 너희에게 더하시리라
34, 그러므로 내일 일을 위하여 염려하지 말라 내일 일은 내일 염려할 것이요 한 날 괴로움은 그 날에 족하니라

염려로부터 해방된 삶을 위하여 우리는 지혜와 믿음을 얻어야 합니다. 위의 마태복음 6장의 가르침을 따라 염려를 극복하는 지혜를 얻도록 해 봅니다.

(1) 염려가 문제를 해결하지 못한다
"너희 중에 누가 염려함으로 그 키를 한 자나 더할 수 있느냐"고 말씀하십니다.
염려해 보았자 해결되지 않는다는 것입니다.
그렇습니다.
염려한다고 해결되지 않는데 우리는 내일 일을 미래를 앞당겨서 염려하는 습관을 가지고 있습니다.
염려는 해결을 가져 오지 못하면서 불신앙과 마귀에게 틈을 주는 나쁜 결과만 가져 옵니다.
그러므로 염려를 버리기로 결단해야 합니다. "망하면 망하리라. 죽으면 죽으리라" 각오를 하는 것입니다.

(2) 하나님께 맡겨라

그러나 우리는 단순히 죽을 각오를 하는 것만이 아닙니다.

우리를 사랑하시고 우리를 돌보시고 책임지시는 하나님을 아버지로 모시고 있습니다.

그러므로 하나님께 맡기는 믿음을 사용합니다.

하나님께 맡기고 기도하는 것입니다.

공중의 새도 하나님이 먹이시고 들꽃도 하나님이 입히시는데 아버지 하나님이 자녀 된 우리를 책임지시지 않겠습니까?

이것을 믿고 나면 아무리 큰 염려 덩어리가 우리를 압박하려 해도 믿음으로 하나님께 기도하면 염려로부터 해방됩니다.

> 잠 16:3, 너의 행사를 여호와께 맡기라 그리하면 너의 경영하는 것이 이루리라
> 빌 4:6, 아무것도 염려하지 말고 오직 모든 일에 기도와 간구로 너희 구할 것을 감사함으로 하나님께 아뢰라

(3) 내일 일을 앞당겨 염려하지 말라

우리는 보통 지금 당장의 일보다 미래에 대한 불안과 밀려오는 어떤 과제에 대하여 염려합니다.

그러나 염려가 해결하지 못하고 하나님께서 해결하신다는 것을 믿는 우리는 오늘 하루하루 기도하며 이겨나가면 됩니다.

내일 일은 내일이 염려한다고 합니다.

"내일 일은 내일 염려할 것이요 한 날 괴로움은 그 날에 족하니라"고 말씀하신 "내일 일은 내일 염려할 것이요"라는 말은 내일 일은 내일 염려하라는 말이 아니라 내일 일은 내일이 염려한다는 말입니다.

원어 헬라어에 내일 염려한다 에서 내일이 주격으로 내일이 그 자신의 일을 염려한다 Therefore do not worry about tomorrow, for tomorrow will worry about its own things.는 것입니다.

내일의 주인은 하나님 입니다.

그렇다면 하나님께서 나의 내일의 일을 염려하신다는 것입니다. 그러므로 우리가 미리 내일 일까지 앞당겨서 염려하는 어리석음과 불신앙을 버려야 합니다.

내일 일은 내일에게 내일의 주인이신 하나님께 맡기는 것입니다. 절대로 미리 앞당겨 염려하지 말라는 것입니다.

오늘 감당할 수 있는 것만 감당하고 내일 일은 내가 염려할 일도 상관할 일도 아닙니다.

하나님께서 하실 일입니다.

하나님께 맡겨 두고 오늘은 평강을 누리는 것입니다.

(4) 그 나라와 그 의를 구하라

우리가 할 일은 하나님의 나라와 그 의를 구하고 하나님 나라를 먼저 생각하고 하나님의 의가 이루어지기를 위하여 기도하고 하나님 중심의 삶을 추구하기만 하면 하나님께서 우리의 삶에 필요를 채워 주시는 것을 알게 됩니다.

우리는 세상 일에 대한 염려를 하나님 나라의 거룩한 염려로 바꾸고 세상 염려로부터는 자유로운 삶을 살아야 하고 그렇게 살 수 있습니다.

2) 재리의 유혹

가시 떨기 같이 우리의 마음을 혼미케 하고 우리의 마음에 병을 일으키는 또 하나는 재리의 유혹입니다.

재물에 대한 욕심입니다.

재물에 대한 욕심을 세상 욕심, 세상 허영이라고 보겠습니다. 세상 사람들은 재물이나 명예, 출세, 권세 같은 세상 허욕에서 자유 하지 못하고 세상 욕심에 이끌려 사느라고 마음이 혼미하고 정신이 병듭니다.

그러나 그리스도인들은 세상 욕심으로부터 자유 해야 합니다.

성경은 재물은 지극히 가변적이고 상대적인 것이며 인생의 근본적인 의미와 목적이 될 수 없으므로 부자가 되려는 욕심을 내지 말라고 말하고 있습니다.

그리스도인은 성실히 일하고 작은 것으로도 족한 줄 아는 삶을 살아야 합니다.

잠 23:4, 부자 되기에 애쓰지 말고 네 사사로운 지혜를 버릴지어다

5, 네가 어찌 허무한 것에 주목하겠느냐 정녕히 재물은 날개를 내어 하늘에 나는 독수리처럼 날아가리라

딤전 6:6, 그러나 지족하는 마음이 있으면 경건이 큰 이익이 되느니라

7, 우리가 세상에 아무것도 가지고 온 것이 없으매 또한 아무것도 가지고 가지 못하리니

8, 우리가 먹을 것과 입을 것이 있은즉 족한 줄로 알 것이니라

9, 부하려 하는 자들은 시험과 올무와 여러 가지 어리석고 해로운 정욕에 떨어지나니 곧 사람으로 침륜과 멸망에 빠지게 하는 것이라

10, 돈을 사랑함이 일만 악의 뿌리가 되나니 이것을 사모하는 자들이 미혹을 받아 믿음에서 떠나 많은 근심으로써 자기를 찔렀도다

부자가 되려고 동분서주하다 보면 마귀의 올무에 걸리게 되고 마음에 고통과 병이 생기고 어려움을 겪게 됩니다.

부자가 되려고 하지 말고 하나님이 주시는 재물로 삶을 누리고 잘 관리하여 의미 있게 사용하는 일에 더 신경을 쓰는 것이 그리스도인의 삶의 바른 태도입니다.

재물뿐 아니라 세상의 여러 가지 헛된 욕망으로부터 자유로운 삶을 누려야 합니다.

세상 허영을 벗어 버리십시오.

그러면 마음이 자유하고 기쁨과 감격의 삶을 누리게 될 것입니다.

요일 2:15, 이 세상이나 세상에 있는 것들을 사랑치 말라 누구든지 세상을 사랑하면 아버지의 사랑이 그 속에 있지 아니하니

16, 이는 세상에 있는 모든 것이 육신의 정욕과 안목의 정욕과 이생의 자랑이니 다 아버지께로 좇아온 것이 아니요 세상으로 좇아온 것이라
17, 이 세상도, 그 정욕도 지나가되 오직 하나님의 뜻을 행하는 이는 영원히 거하느니라
마 6:20, 오직 너희를 위하여 보물을 하늘에 쌓아 두라 거기는 좀이나 동록이 해하지 못하며 도적이 구멍을 뚫지도 못하고 도적질도 못하느니라

재리의 유혹에 들지 않도록 적극적인 부자가 되라
그리스도인들은 결코 부자가 되려는 욕망에 사로잡히면 안됩니다.
평범하고 소박한 삶에 감사하고 누리며 감격하는 건강한 삶을 살아야 합니다.
만일 부자가 되고 싶다면 그것은 하나님 안에서 부자가 되고 선한 사업을 위한 부자가 되어야 합니다.

딤전 6:17, 네가 이 세대에 부한 자들을 명하여 마음을 높이지 말고 정함이 없는 재물에 소망을 두지 말고 오직 우리에게 모든 것을 후히 주사 누리게 하시는 하나님께 두며
18, 선한 일을 행하고 선한 사업에 부하고 나눠 주기를 좋아하며 동정하는 자가 되게 하라
19, 이것이 장래에 자기를 위하여 좋은 터를 쌓아 참된 생명을 취하는 것이니라

진정한 부자 인생은 돈이 많은 것이 아니라 하나님께 소망을 두고 사

는 사람입니다.

돈에 소망을 두면 늘 가난함을 면할 수 없습니다.

끝없는 것이 돈에 대한 욕망이기 때문입니다.

소망의 근거가 하나님일 때 늘 만족하고 풍요한 삶을 누리게 됩니다. 그리고 재물을 가지고 어떻게 의미 있게 쓰느냐가 더 중요합니다. 선한 사업에 많이 쓰는 자가 부자요 나누어 주는 것이 많은 것이 부자입니다.

나누어 줄 것이 많기 위하여 성실히 노력하여 부자가 되고 부하게 사는 일은 좋은 것이요 축복된 일입니다.

적극적으로 줄 것이 있는 부자인생을 추구하면 헛된 욕망에 사로잡히지 않고 주시는 것을 감사하면서 의미 있는 삶을 추구하는 여유와 감격을 갖게 됩니다.

5. 돌밭 (상한 마음의 치유)

1) 상처로 인한 원한과 분노

돌밭은 어떤 마음의 병적 상태를 말하고 있을까요?

그것은 돌이 상징하듯이 작은 상처가 한을 이루어 굳어진 돌덩이가 된 것을 말합니다.

우리가 상처를 받으면 원한과 분노를 품게 되고 그 원한과 분노가 해결되지 않으면 한으로 굳어진 마음의 질병이 됩니다.

욥 7:11, 그런즉 내가 내 입을 금하지 아니하고 내 마음의 아픔을 인하여 말하며 내 영혼의 괴로움을 인하여 원망하리이다

욥 5:2, 분노가 미련한 자를 죽이고 시기가 어리석은 자를 멸하느니라

2) 굳어진 상처

상처를 받고 오래 해결하지 않으면 그것은 곧 돌이 됩니다.

굳어진 상처는 마음에 돌이 되어 마음의 병이 됩니다.

욥41:24는 비록 악어 이야기지만 마음이 돌같이 단단하다고 말합니다. 바로 돌같이 단단해진 마음, 상처가 굳어진 마음, 그것이 돌 밭 마음인 것입니다.

이 굳어진 상처로 사람을 미워하고 멀리하게 되고 인간관계를 잘 하지 못하면 계속 마음의 병이 커지게 됩니다.

욥 41:24, 그 마음이 돌같이 단단하니 그 단단함이 맷돌 아랫짝 같구나(악어 이야기이지만)

시 38:11, 나의 사랑하는 자와 나의 친구들이 나의 상처를 멀리하고 나의 친척들도 멀리 섰나이다.

출 6:9, 모세가 이와 같이 이스라엘 자손에게 전하나 그들이 마음의 상함과 역사의 혹독함을 인하여 모세를 듣지 아니하였더라

여기 욥이 말하는 것처럼 마음의 상처로 사람이 싫어지고 멀어집니다. 이스라엘 사람들은 마음이 상하여 하나님도 원망합니다.

사람이 싫어지고 하나님을 원망하는 마음이 굳어지면 그것은 마음에 큰 병이 되는 것입니다.

3)상처를 싸매시는 하나님

돌을 골라 내고 부드럽고 평안한 마음으로 치유되어야 합니다.

어떻게 마음의 병을 치유합니까?

우리의 상처를 치유하시는 하나님께 와서 고침을 받아야 합니다.

하나님께서는 상처를 치유하시는 하나님 이십니다.

시 147:3, 상심한 자를 고치시며 저희 상처를 싸매시는도다

사 30:26, 여호와께서 그 백성의 상처를 싸매시며 그들의 맞은 자리를 고치시는 날에는 달빛은 햇빛 같겠고 햇빛은 칠 배가 되어 일곱 날의 빛과 같으리라

시 34:18, 여호와는 마음이 상한 자에게 가까이 하시고 중심에 통회하는 자를 구원하시는도다

겔 36:26, 또 새 영을 너희 속에 두고 새 마음을 너희에게 주되 너희 육신에서 굳은 마음을 제하고 부드러운 마음을 줄 것이며

성경은 상처가 있는 사람들에게 사랑으로 접근하시고 상처를 싸매며 치유하시는 사랑의 하나님을 잘 표현하고 있습니다.

하나님께서는 상심한 자를 고치십니다.

상처를 싸매십니다.

마음이 상한 자를 가까이 하십니다.

중심에 우는 자를 구원하십니다.

여기 중심에 통회한다는 말은 회개한다는 말이 아니라 중심이 찔려 아파서 운다는 말입니다.

중심에 상처로 우는 자들을 하나님은 구원하시고 치유하신다는 것입니다.

그러므로 하나님의 사랑의 품에서 우리는 다 치유될 수 있습니다.

4) 하나님께 꺼내 놓으라

하나님께 우리의 상처를 있는 그대로 가져가기만 하면 됩니다.

우리의 상처를 하나님께 가지고 가서 그분께 보여 드리고 그분께 꺼내 놓기만 하면 하나님은 다 치유하여 주십니다.

여러분 시편 109편의 다윗의 기도가 성경 정경에 들어가 있는 이유를 아십니까? 하나님이 중심에 상처 받은 다윗의 기도를 받아 주셨다는 것이고 우리의 상한 심령도 받아 주신다는 언약인 것입니다.

시 109:1, 나의 찬송하는 하나님이여 잠잠하지 마옵소서
2, 대저 저희가 악한 입과 궤사한 입을 열어 나를 치며 거짓된 혀로 내게 말하며
3, 또 미워하는 말로 나를 두르고 무고히 나를 공격하였나이다
4, 나는 사랑하나 저희는 도리어 나를 대적하니 나는 기도할 뿐이라

5, 저희가 악으로 나의 선을 갚으며 미워함으로 나의 사랑을 갚았사오니
6, 악인으로 저를 제어하게 하시며 대적으로 그 오른편에 서게 하소서
7, 저가 판단을 받을 때에 죄를 지고 나오게 하시며 그 기도가 죄로 변케 하시며
8, 그 연수를 단촉케 하시며 그 직분을 타인이 취하게 하시며
9, 그 자녀는 고아가 되고 그 아내는 과부가 되며
10, 그 자녀가 유리 구걸하며 그 황폐한 집을 떠나 빌어먹게 하소서
11, 고리대금하는 자로 저의 소유를 다 취하게 하시며 저의 수고한 것을 외인이 탈취하게 하시며
12, 저에게 은혜를 계속할 자가 없게 하시며 그 고아를 연휼할 자도 없게 하시며
13, 그 후사가 끊어지게 하시며 후대에 저희 이름이 도말되게 하소서
14, 여호와는 그 열조의 죄악을 기억하시며 그 어미의 죄를 도말하지 마시고
15, 그 죄악을 항상 여호와 앞에 있게 하사 저희 기념을 땅에서 끊으소서
16, 저가 긍휼히 여길 일을 생각지 아니하고 가난하고 궁핍한 자와 마음이 상한 자를 핍박하여 죽이려 한 연고니이다

다윗처럼 솔직하게 하나님 앞에 털어 놓고 탄원하면 사랑의 아버지께서 우리의 마음을 어루만져 주십니다.

하나님 앞에서 기도할 때는 거룩한 체 용서하는 것처럼 하면서 실제로는 미워하고 저주하는 것보다는 하나님 앞에 나가 "나 상처가 커서 그 사람 도저히 용서가 안됩니다. 그가 하나님의 심판을 받아 망하는 것을 보고 싶습니다." 이렇게 솔직한 마음을 있는 그대로 하나님 앞에 털어

놓으라는 것입니다. 다윗이 그렇게 하였습니다. 그러면 탄원대로 그 사람을 저주하시든지 아니 하시든지는 하나님이 알아서 하시지만 우리의 상처 난 마음을 하나님이 받아 주시고 치유하시고 사랑으로 감싸 주시겠다는 것입니다.

한 번은 전도사님 사모님이 훈련원에 왔습니다. 시부모 시집살이에 시달리다가 상처를 받고 남편을 협박하여 따로 살고 있었는데 그리고는 너무 상처가 커서 시부모를 만나지 않고 여러 해를 살았답니다.

명절에도 남편 혼자만 시댁에 보내고 자기는 가지 않을 정도였습니다. 그러다 보니 마음이 병들뿐 아니라 몸도 병들고 여러 내장기관들에 병이 생겼습니다.

훈련원에 와서 말씀을 듣다가 상처를 싸매시는 하나님, 얼마든지 하나님 앞에는 솔직하게 내어놓을 수 있다는 말씀에 큰 감동을 받고 그 날 밤 산기도 가서 하나님께 다 토해 내며 원망과 원한을 그대로 하나님께 다 털어 놓았습니다. 그러는 동안 성령님이 임하시고 하나님의 사랑을 느끼게 되었습니다. 하나님의 사랑이 강물처럼 흘러들 때 그만 얼음조각 같던 심령이 녹아 눈물로 흘렀습니다.

훈련이 끝나자 시댁으로 갔습니다.

문을 두드리니 시어머니가 나와보더니 "너 같은 며느리 둔 적 없다."며 문도 안 열어 주고 들어 갑니다. 그러나 문이 열릴 때까지 문밖에 무릎 꿇고 앉아서 기도하였습니다.

힐끗힐끗 내다보던 시어머니가 해가 넘어갈 무렵 나오더니 문을 열어 주었습니다. 그리고 화해가 이루어졌습니다.

심령이 해방되었습니다.

삶이 즐거워졌습니다.

몸이 치유되었습니다.

며느리가 세상의 악종이라고 헐 뜯던 시어머니가 이제는 며느리 자랑에 침이 마르지 않게 되었습니다.

하나님 앞에는 내어 놓으십시오.

하나님께서 감싸 주십니다.

5) 상처 준 사람을 용서하라

도저히 용서할 수 없는 경우에는 그렇게 솔직히 하나님께 아뢰고 탄원도 하고 하지만 하나님의 사랑이 우리 마음에 흘러서 어느 정도 우리가 힘을 얻으면 우리에게 상처 준 사람을 용서해야 합니다.

하나님은 우리에게 서로의 죄를 용서하라고 명합니다.

우리가 용서 받고 구원 받은 것처럼 서로 서로도 용서하는 것이 하나님의 뜻이요 명령입니다.

그리고 용서는 그 사람만 위함이 아니요 자기 자신을 위함 입니다.

우리가 용서할 때 하나님의 사랑이 우리에게 막힘 없이 흘러 오고 자신에게 훨씬 축복이 됩니다.

용서하지 않고 있을 때는 자신의 영이 죄의 세력에, 마귀의 속박에 매이게 되나 용서함으로 우리 영혼이 오히려 벗어나고 자유 하게 되며 우리의 마음이 치유 되는 것입니다.

그러므로 용서는 용서하는 사람 자신의 영광이 되는 것입니다.

골 3:13, 누가 뉘게 혐의가 있거든 서로 용납하여 피차 용서하되 주께서 너희를 용서하신 것과 같이 너희도 그리하고
14, 이 모든 것 위에 사랑을 더하라 이는 온전하게 매는 띠니라
잠 19:11, 노하기를 더디하는 것이 사람의 슬기요 허물을 용서하는 것이 자기의 영광이니라
마 6:14, 너희가 사람의 과실을 용서하면 너희 천부께서도 너희 과실을 용서하시려니와
15, 너희가 사람의 과실을 용서하지 아니하면 너희 아버지께서도 너희 과실을 용서하지 아니하시리라

부목으로 사역하던 목사 부부가 담임 목사에게 너무 상처를 받아서 그 마음에 돌이 박히게 되었습니다. 얼마나 상처가 컸던지 "소리 안 나는 권총이 있으면 쏘아 죽이고 싶다"는 생각이 날 정도였습니다.

저들은 기도가 안되고 영성 생활이 피폐해졌습니다. 그러던 중 훈련원에 와서 훈련 받다가 성령의 은혜로 말미암아 상처를 싸매시는 하나님을 만났습니다. 하나님의 사랑을 느끼며 녹아나기 시작했습니다.

굳어진 돌이 녹아 내렸습니다.

훈련이 끝나자 집으로 가지 아니하고 상처 준 선배를 찾아갔습니다.

인사하고 손을 잡고 악수하자 눈물이 쏟아져 말을 하지 못했습니다. 거기서 서로가 녹아지고 사모님은 사모님 손을 잡고 울며 성령의 감동으로 하나되었습니다.

그렇게 화해가 이루어지고 집으로 돌아간 그날 밤 그 목사는 기도실에 들어갔습니다.

기도를 마치고 나와보니 4시간을 기도실에서 기도하고 있었던 것입니다. 하나님과의 관계가 회복되고 영성이 회복되고 살아나며 해방을 누리게 된 것입니다.

용서하지 못하고 있을 때는 아직 그 마음이 미움의 영에게 사로잡혀 있는 상태이나 용서하면 풀려 납니다.

내 영이 오히려 자유 하게 됩니다. 그러니 내게 영광이 되는 것이지요.

6) 하나님의 사랑의 품에 안겨라

다 용서하고 나면 자신은 큰 손해를 본다는 생각이 들지 모릅니다.

그러나 용서하고 나면 사실은 끝 없이 큰 하나님의 사랑에 안기는 것입니다.

용서하는 일은 하나님의 성품을 받아 들이는 행위이며 하나님의 사랑의 품에 들어가는 일입니다.

용서하면 하나님의 사랑이 우리에게 밀려 들어오고 하나님의 축복이 흘러 오게 됩니다.

요셉은 형들의 질투로 인하여 노예로 팔리고 보디발의 아내의 간계로 감옥에 갇히나 형들을 원망하고 보디발의 아내와 보디발을 원망하며 살지 않고 온유한 신앙으로 받아들이고 하나님과 동행하였습니다.

하나님은 그러한 요셉을 치유하시고 회복 시키시고 높이셨습니다.

요셉이 애굽의 총리가 되고 결혼하여 아들을 낳을 때 장자의 이름을 므낫세라 지었습니다. "나의 모든 고난과 나의 아비 집의 온 집 일을 잊어버리게 하셨다"는 뜻으로 지은 이름입니다.

하나님의 은혜가 요셉의 지난 날의 상처를 다 잊게 하셨다고 간증하는 것입니다.

둘째 아들의 이름은 에브라임이라 지었는데 이는 "하나님이 자기로 수고한 땅에서 창성하게 하였다"는 의미입니다.

하나님께서 고생 끝에 보상하시고 창성하게 상주셨음을 간증하는 이름입니다. 하나님은 사랑의 하나님이요 상처를 씻어 치유하시고 고난 당한 이상으로 상주시는 하나님이십니다.

이 하나님께 안기십시오.

다 용서하고 하나님의 사랑에 안기시면 지난 날의 상처와 아픔의 기억이 떠나갈 것이요 하나님의 보상과 축복과 위로로 풍요로워질 것입니다.

창 41:51, 요셉이 그 장자의 이름을 므낫세라 하였으니 하나님이 나로 나의 모든 고난과 나의 아비의 온 집 일을 잊어버리게 하셨다 함이요

52, 차자의 이름을 에브라임이라 하였으니 하나님이 나로 나의 수고한 땅에서 창성하게 하셨다 함이었더라

계 7:17, 이는 보좌 가운데 계신 어린 양이 저희의 목자가 되사 생명수 샘으로 인도하시고 하나님께서 저희 눈에서 모든 눈물을 씻어 주실 것임이러라

렘 30:17, 나 여호와가 말하노라 그들이 쫓겨난 자라 하며 찾는 자가 없는 시온이라 한즉 내가 너를 치료하여 네 상처를 낫게 하리라

7)사랑의 사도, 치유 받은 치유자가 되라

요셉은 형들이 자신을 애굽에 팔았지만 결코 그렇게 해석하지 않고 형들을 포함하여 자신의 형제와 일가를 구원하시려는 하나님의 계획으로 받아 들이고 실제로 일가를 구원하는 사명을 이루게 됩니다.

여러분 지난 날의 모든 상처는 하나님 앞에 치유 받고 이제는 치유 받은 치유자로 사명자로 이 땅에 상처로 우는 사람들을 치유하는 자로 서게 되기를 바랍니다.

창 45:5, 당신들이 나를 이 곳에 팔았으므로 근심하지 마소서 한탄하지 마소서 하나님이 생명을 구원하시려고 나를 당신들 앞서 보내셨나이다

6, 이 땅에 이 년 동안 흉년이 들었으나 아직 오 년은 기경도 못하고 추수도 못할지라

7, 하나님이 큰 구원으로 당신들의 생명을 보존하고 당신들의 후손을 세상에 두시려고 나를 당신들 앞서 보내셨나니

8, 그런즉 나를 이리로 보낸 자는 당신들이 아니요 하나님이시라 하나님

이 나로 바로의 아비를 삼으시며 그 온 집의 주를 삼으시며 애굽 온 땅의 치리자를 삼으셨나이다

하나님은 이스라엘에게 나그네를 자기같이 사랑하라고 말씀하시면서 너희도 나그네 되어 고생한 적이 있으니 나그네를 사랑하고 선대하라고 하십니다.

그렇습니다. 상처 받아 아픈 경험이 있는 사람은 그 치유와 동시에 치유자가 됩니다. 자신이 당한 경험을 가지고 동정하고 사랑할 능력이 주어집니다. 그리하여 치유자로 살아갑니다.

레 19:34, 너희와 함께 있는 타국인을 너희 중에서 낳은 자같이 여기며 자기같이 사랑하라 너희도 애굽 땅에서 객이 되었더니라 나는 너희 하나님 여호와니라

예수님도 당신이 시험을 당한 분으로 우리를 도우시며 우리를 위해 중보 하시며 우리를 구원하신다고 말씀 하십니다. 제가 어느 교회서 목회할 때 장로와 신경전하다가 쓰러지는 고생을 경험하였습니다.

그 후 목회자를 돕는 훈련원을 하게 되었는데 어떤 예언의 은사가 있는 사모님이 기도하더니 "하나님께서 목사님을 고난 속에 두셨던 것이 미안하다고 하십니다. 한국교회와 목회자를 치유하고 복되게 하는 일을 맡기시려고 그리하였답니다. 감사로 승리하시고 사명을 이루십시오." 라고 말해 주는데 감격한 적이 있습니다.

하나님은 여러분을 치유자로 삼기 원하십니다.

히 2:17, 그러므로 저가 범사에 형제들과 같이 되심이 마땅하도다 이는 하나님의 일에 자비하고 충성된 대제사장이 되어 백성의 죄를 구속하려 하심이라
18, 자기가 시험을 받아 고난을 당하셨은즉 시험받는 자들을 능히 도우시느니라

6. 길바닥 마음/마귀의 문을 차단하라

길은 어떻게 만들어지는가?

길이란 누군가 한 번 걸어가기 시작해서 자꾸 여러 번 다니게 되면 결국 길이 되고 점점 넓어지며 단단해 지고 나중에는 거기 포장을 하여 길이 굳어집니다.

마찬가지로 우리의 마음이 길바닥이 되었다는 것은 우리 마음에 누군가 드나들며 굳어질 때까지 길을 냈다는 것을 의미하는데 그것은 마귀가 한 번 두 번 드나들면서 길을 낸 경우를 말한다고 이해합니다.

1)틈을 노리는 마귀

호시탐탐 노리는 마귀

벧전 5:8, 근신하라 깨어라 너희 대적 마귀가 우는 사자같이 두루 다니며 삼킬 자를 찾나니

문 앞에 엎드려 있는 죄의 세력

창 4:7, 네가 선을 행하면 어찌 낯을 들지 못하겠느냐 선을 행치 아니하면 죄가 문에 엎드리느니라 죄의 소원은 네게 있으나 너는 죄를 다스릴지니라

틈을 노리는 마귀

엡 4:27, 마귀로 틈을 타지 못하게 하라

이상에 보는 바와 같이 성경 말씀은 마귀로 우리의 마음에 길을 내지 못하게 하라고 가르칩니다. 마귀가 우는 사자같이 삼킬 자를 찾고 다니며 죄가 문에 엎드려 있어 기회만 되면 우리를 삼키려 한다고 말씀 하십니다. 죄가 문에 엎드려 있으니 문만 열면 들어와 죄의 길을 낼 것입니다. 여기서 죄는 죄의 세력, 달리 말하면 마귀이기도 합니다. 그러므로 마귀로 틈을 타지 못하게 하라고 하십니다.

아담과 하와가 하나님의 말씀을 불신하고 마귀의 말을 받아 들이자 마귀가 인간의 마음을 지배하게 되었습니다. 예수를 믿는 사람일지라도 마귀는 끊임없이 틈을 노리고 있습니다.

마귀에게 문을 열어주면 마귀는 들어와 길을 냅니다.

2) 당신의 삶에서 마귀를 축출하라

그러므로 우리는 우리의 마음 속에 마귀가 들어오지 못하게 해야 하고 마귀가 길을 내고 있는 경우에는 우리의 마음에서 마귀를 축출하고

마귀로 더 이상 우리 마음에 드나들지 못하게 해야 합니다.

(1) 죄를 속히 회개하라
겔 18:30, 나 주 여호와가 말하노라 이스라엘 족속아 내가 너희 각 사람의 행한 대로 국문할지라 너희는 돌이켜 회개하고 모든 죄에서 떠날지어다 그리한즉 죄악이 너희를 패망케 아니하리라

죄는 속히 회개하고 죄 씻음을 받아야 합니다.
죄는 마귀를 불러 들이는 촉매제와 같습니다.
더러운 것이 있는 곳에 파리가 모이는 것처럼 우리 마음에 회개하지 아니한 죄, 씻어내지 아니한 죄가 있으면 그것을 파고드는 마귀가 드나듭니다.
죄를 회개하지 않았다는 것은 하나님과 멀어져 있다는 것이며 마귀에게 문을 열어 놓았다는 것이 됩니다.
그러므로 우리는 속히 회개하고 죄 씻음을 받으므로 마귀의 길을 차단해야 합니다.

(2) 습관적 죄를 고치라
엡 4:22, 너희는 유혹의 욕심을 따라 썩어져 가는 구습을 좇는 옛 사람을 벗어 버리고

그리고는 습관적으로 행하는 죄를 벗어 버려야 합니다.

사람에게는 종종 죄 된 습관을 가지고 있는 경우가 있습니다.

그러한 죄 된 습관은 마귀에게 길을 내 주는 행위가 됩니다.

포르노, 술, 담배 중독, 마약이나 도박 및 도벽 등 죄 된 습관은 버려야 합니다.

호주 한인교회서 전교인 수련회를 했습니다.

말씀에 따라 회개의 역사가 일어났습니다.

치유의 역사도 일어 났습니다.

그 중에 술과 담배에서 해방된 간증도 여럿 있었습니다.

술 중독, 담배 중독도 일종의 영적인 병입니다.

성령의 은혜로 치유되고 그러한 습관에서 해방되어야 합니다.

(3) 죄를 다시 짓지 말라
요일 3:8, 죄를 짓는 자는 마귀에게 속하나니 마귀는 처음부터 범죄함이
  니라 하나님의 아들이 나타나신 것은 마귀의 일을 멸하려 하심이니라

회개한 죄를 다시 짓고 다시 회개하면 물론 여전히 사함을 받습니다. 주님의 자비는 무한하기 때문입니다.

그러나 죄를 회개하고 다시 짓고 하는 일이 반복되면 마귀에게 틈을 내 주는 결과를 가져오고 마귀의 속박에 들어가면 회개하지도 못하고 죄를 반복하게 됩니다.

그렇게 되면 스스로 멸망하는 운명이 됩니다.

다시는 죄를 짓지 말도록 해야 합니다.

반복적으로 죄를 짓는 것은 마귀를 섬기는 일과 같습니다.

죄를 끊고 벗어나야 합니다.

(4) 우상과 사술의 끈을 끊으라

신 32:17, 그들은 하나님께 제사하지 아니하고 마귀에게 하였으니 곧 그들의 알지 못하던 신, 근래에 일어난 새 신, 너희 열조의 두려워하지 않던 것들이로다

우리가 마귀에게 틈을 주지 않기 위하여 마귀가 주인 노릇 하는 바 우상과의 관련을 끊어야 합니다. 절에 이름을 여전히 올려 놓는다든지 집안에 부적을 부쳐 놓는다든지 하는 것들을 다 치워야 합니다.

이전에 마귀와 한 맹세도 다 취하해야 합니다.

모든 미신적 행위를 단절해야 합니다.

(5) 대 물림 하는 죄와 저주를 끊어라

출 20:5, 그것들에게 절하지 말며 그것들을 섬기지 말라 나 여호와 너의 하나님은 질투하는 하나님인즉 나를 미워하는 자의 죄를 갚되 아비로부터 아들에게로 삼 사대까지 이르게 하거니와

애 5:7, 우리 열조는 범죄하고 없어졌고 우리는 그 죄악을 담당하였나이다

종종 우리의 조상, 부모나 그 선조들의 죄로 인하여 죄가 대 물림 하여 내려오는 경우가 있습니다.

우리가 예수 믿으면 우리의 죄가 사함 받지만 조상의 죄로 인한 형벌이나 저주가 남아 있을 수 있습니다.

조상의 죄가 대물림 되는 경우도 있는 것입니다.

마귀는 이러한 끈을 붙들고 늘어지며 어떻게라도 조상을 지배하던 방식으로 그 자손도 지배하려 하기 때문에 죄가 대물림 되던 집안 사람들에게서는 마귀가 철수를 거부하고 계속 지배하거나 영향을 행사하려는 경향이 있습니다.

우리가 예수의 보혈로 새 사람이 된 것을 확신하고 이러한 조상의 죄까지도 회개하는 마음으로 주님께 아뢰고 이를 이용하여 파고드는 사탄의 세력을 단호히 거절하고 사탄의 영향력을 차단해야 합니다.

조상의 죄도 회개하고 마귀를 향해서는 예수의 보혈로 사죄되어 하나님의 축복의 자녀임을 선포하고 굳건한 믿음으로 마귀의 세력과의 단절을 선언해야 합니다.

(6) 마귀에게 틈을 주지 말라
엡 4:27, 마귀로 틈을 타지 못하게 하라

마귀로는 틈을 타지 못하도록 우리가 믿음으로 살고 말씀 안에 살고 기도하며 살고 성령 안에 거하여야 합니다.

(7) 마귀를 대적하라
약 4:7, 그런즉 너희는 하나님께 순복할지어다 마귀를 대적하라 그리하면

너희를 피하리라

그리고 마귀의 세력에게 대적하여 떠나기를 명령하고 선포하고 접근을 금지시키는 기도의 방어벽을 구축해야 합니다.

3) 마귀의 틈새작전과 우리의 봉쇄작전
마귀가 틈을 엿보는 그리고 우리 마음과 삶에 파고 드는 틈새 작전을 우리는 이해하고 틈새를 주지 말고 틈새를 차단해야 합니다.

틈새작전1/불신을 일으킨다
창 3:4, 뱀이 여자에게 이르되 너희가 결코 죽지 아니하리라

가장 빈번한 작전은 우리의 마음에 불신을 일으키는 것입니다.
에덴에서도 아담과 하와에게 하나님의 말씀을 불신하게 만들고 자신이 들어와 지배하기 시작하였습니다.

봉쇄작전1 믿음을 굳게 지키라
고전 16:13, 깨어 믿음에 굳게 서서 남자답게 강건하여라
벧전 5:9, 너희는 믿음을 굳게 하여 저를 대적하라 이는 세상에 있
 는 너희 형제들도 동일한 고난을 당하는 줄을 앎이니라

그러므로 우리는 어떤 경우에도 하나님과 하나님의 말씀에 대한 불신을 일으켜서는 안되며 하나님께 대한 믿음을 굳게 하여야 합니다.

굳게 세울 믿음

(1) 구원 받은 믿음

살전 5:8, 우리는 낮에 속하였으니 근신하여 믿음과 사랑의 흉배를 붙이고 구원의 소망의 투구를 쓰자

엡 6:16, 모든 것 위에 믿음의 방패를 가지고 이로써 능히 악한 자의 모든 화전을 소멸하고

17, 구원의 투구와 성령의 검 곧 하나님의 말씀을 가지라

우리가 굳게 지키고 흔들리지 말아야 할 믿음은 무엇보다도 구원에 대한 믿음입니다.

우리가 예수의 보혈로 죄 사함 받고 구원 받아 하나님의 자녀가 된 사실에 대하여는 조금도 흔들림 없는 굳센 믿음에 거하여야 합니다.

(2) 하나님 사랑을 믿으라

롬 8:38, 내가 확신하노니 사망이나 생명이나 천사들이나 권세자들이나 현재 일이나 장래 일이나 능력이나 39, 높음이나 깊음이나 다른 아무 피조물이라도 우리를 우리 주 그리스도 예수 안에 있는 하나님의 사랑에서 끊을 수 없으리라

두 번째는 하나님 아버지의 사랑에 대하여 확신해야 합니다.

하나님의 사랑은 끝이 없고 크고 변함없는 사랑입니다.

이 하나님의 사랑에 우리의 신앙을 세워야 합니다.

(3) 하나님의 능력을 믿으라

롬 4:17, 기록된 바 내가 너를 많은 민족의 조상으로 세웠다 하심과 같으니 그의 믿은 바 하나님은 죽은 자를 살리시며 없는 것을 있는 것같이 부르시는 이시니라

우리는 또한 하나님의 능력을 믿어야 합니다.

전지 전능하신 하나님을 믿고 신뢰하므로 흔들리지 아니하고 절망하지 말아야 합니다. 흔들리고 절망시키는 것이 마귀의 전략입니다.

우리는 어떤 환경이나 조건에도 전능하신 하나님을 의지하므로 승리하는 것입니다.

틈새작전2/교만을 충동질 한다

창 3:5, 너희가 그것을 먹는 날에는 너희 눈이 밝아 하나님과 같이 되어 선악을 알 줄을 하나님이 아심이니라

두 번째 틈새 만들기 작전은 교만입니다.

마귀는 우리의 교만을 충동질 합니다.

에덴에서도 하나님과 같이 되려는 교만을 충동질하므로 타락을 일으켰습니다. 교만은 그러므로 패망의 길입니다.

마귀의 밥이 되는 길입니다.

봉쇄작전2/겸손 하라

약 4:6, 그러나 더욱 큰 은혜를 주시나니 그러므로 일렀으되 하나님이 교

만한 자를 물리치시고 겸손한 자에게 은혜를 주신다 하였느니라

그러므로 우리는 겸손해야 하고 겸손을 지켜야 합니다.
우리가 겸손해야 할 부분은 다음 세가지로 볼 수 있습니다.

겸손한 믿음
(1) 하나님의 주재권 아래 있는 겸손
삼상 24:6, 자기 사람들에게 이르되 내가 손을 들어 여호와의 기름 부음을 받은 내 주를 치는 것은 여호와의 금하시는 것이니 그는 여호와의 기름 부음을 받은 자가 됨이니라 하고

첫째는 하나님의 주재권에 복종하는 겸손입니다.
사울 왕이 다윗을 죽이려 해도 다윗은 하나님이 세운 왕을 자신이 손 댈 수 없다고 해치지 아니하고 도망 다닙니다.
이는 하나님의 주재권을 인정하는 겸손입니다.
오늘날 교회에서 장로들이 목사의 임명권을 좌지우지하며 목사를 쫓아내는 경우가 많습니다. 하나님의 주재권을 인정하지 않는 교만으로 인하여 죄의 사슬인 마귀의 사슬에 이미 걸려 든 것입니다.

(2) 리더십에 순종하는 겸손
왕하 5:14, 나아만이 이에 내려가서 하나님의 사람의 말씀대로 요단 강에 일곱 번 몸을 잠그니 그 살이 여전하여 어린아이의 살 같아서 깨끗하게 되었더라

하나님 앞에서 겸손한 사람은 리더십에 순종하는 사람입니다.

나아만 장군은 자신의 정치적 위용을 우습게 여기는 엘리사의 말을 듣고 화를 내고 가려고 했습니다.

그러나 그의 하인이 그를 잘 설득하여 요단 강에 몸을 씻도록 하여 고침을 받습니다.

겸손이 치유를 가져온 것입니다.

리더십 앞에 겸손해야 그 공동체가 견고하고 자신도 공동체도 마귀에게 휘둘리지 아니하는 것입니다.

(3) 남을 낮게 여기는 겸손
빌 2:3, 아무 일에든지 다툼이나 허영으로 하지 말고 오직 겸손한 마음으로 각각 자기보다 남을 낮게 여기고

다른 사람이 나보다 낫다고 여기는 겸손을 지녀야 합니다.
잘난 체 하는 사람은 자주 마귀의 종이 됩니다.

틈새작전3/ 허영심을 자극한다
창 3:6, 여자가 그 나무를 본즉 먹음직도 하고 보암직도 하고 지혜롭게 할 만큼 탐스럽기도 한 나무인지라 여자가 그 실과를 따먹고 자기와 함께 한 남편에게도 주매 그도 먹은지라

마귀가 우리의 마음을 지배하기 위하여 틈새를 노리는 작전 중 하나

는 우리의 허영심을 자극하는 것입니다.

에덴에서도 먹음직하고 보암직하고 지혜롭게 할 만큼 탐스럽기도 하게 선악과를 클로즈업시켜서 탐심과 허영심을 자극하여 타락하게 하였습니다.

오늘날도 마귀는 우리의 이러한 허영심을 충동질 합니다.

명예에 대한 허영심을 자극하여 타락하게 합니다.

요즘 가짜 학위문제로 사회가 시끄럽습니다.

이도 허영심을 충동질하여 사람들을 거짓되게 하는 것입니다.

인기에 대한 허영심으로 유혹하기도 합니다.

봉쇄작전3/허욕을 버리라
요일 2:15, 이 세상이나 세상에 있는 것들을 사랑치 말라 누구든지 세상을
 사랑하면 아버지의 사랑이 그 속에 있지 아니하니
16, 이는 세상에 있는 모든 것이 육신의 정욕과 안목의 정욕과 이생의 자
 랑이니 다 아버지께로 좇아온 것이 아니요 세상으로 좇아온 것이라
갈 5:26, 헛된 영광을 구하여 서로 격동하고 서로 투기하지 말지니라

그러므로 우리는 이러한 세상의 헛된 욕심과 헛된 영광을 버리고 자유 해야 합니다.

몇 가지 부분에서 허영심을 버려야 합니다.

(1) 부자 되기에 애쓰지 말라

잠 23:4, 부자 되기에 애쓰지 말고 네 사사로운 지혜를 버릴지어다
딤전 6:8, 우리가 먹을 것과 입을 것이 있은즉 족한 줄로 알 것이니라
9, 부하려 하는 자들은 시험과 올무와 여러 가지 어리석고 해로운 정욕에 떨어지나니 곧 사람으로 침륜과 멸망에 빠지게 하는 것이라

부자가 되려는 허영을 버리고 있는 것을 감사하며 주신 재물을 가치 있게 쓰는 부자가 되어야 합니다.
성경은 부자가 되려고 애쓰지 말라고 하십니다.
부하려다가 올무에 걸린다고 경고 합니다.

(2) 누가 크냐의 경쟁에서 자유 하라
막 9:34, 저희가 잠잠하니 이는 노중에서 서로 누가 크냐 하고 쟁론하였음이라
35, 예수께서 앉으사 열두 제자를 불러서 이르시되 아무든지 첫째가 되고자 하면 뭇 사람의 끝이 되며 뭇 사람을 섬기는 자가 되어야 하리라 하시고

두 번째는 누가 크냐의 경쟁에서 해방되어야 합니다.
제자들은 누가 크냐의 경쟁에서 늘 다투고 주님을 따르지 못하다가 성령 받고 달라진 바 있습니다.
우리 그리스도인들도 잘 넘어지는 것 중 하나가 누가 크냐의 경쟁에 말려 든다는 것입니다. 교회 안에서 조차 자기가 잘났다는 것을 과시하려고 미귀의 종이 되는 경우가 많습니다.

누가 크냐의 경쟁에서 자유로운 하나님의 사람들이 되어야 합니다. 누가 크냐의 경쟁은 마귀의 틈새입니다.

(3) 소박한 삶을 누리라

전 9:7, 너는 가서 기쁨으로 네 식물을 먹고 즐거운 마음으로 네 포도주를 마실지어다 이는 하나님이 너의 하는 일을 벌써 기쁘게 받으셨음이니라
8, 네 의복을 항상 희게 하며 네 머리에 향기름을 그치지 않게 할지니라
9, 네 헛된 평생의 모든 날 곧 하나님이 해 아래서 네게 주신 모든 헛된 날에 사랑하는 아내와 함께 즐겁게 살지어다 이는 네가 일평생에 해 아래서 수고하고 얻은 분복이니라
10, 무릇 네 손이 일을 당하는 대로 힘을 다하여 할지어다 네가 장차 들어갈 음부에는 일도 없고 계획도 없고 지식도 없고 지혜도 없음이니라

우리는 소박한 삶 자체를 감사하며 누릴 수 있어야 합니다.

먹고 입고 사는 일상이 감사하고 부부 사랑이 행복하고 자기가 맡은 일을 하는 것 자체가 감사하고 그것들로 인하여 기뻐하고 그 삶을 행복으로 누리는 삶이 되어야 합니다.

세상적 지표가 삶의 기쁨을 좌우하게 하는 것이 아니라 우리의 평범하고 소박한 삶 자체를 감사하게 누리고 행복하게 살아가는 것입니다.

그러면 마귀에게 틈을 내줄 이유가 없게 됩니다.

틈새작전4/참소하여 침륜에 빠지게 한다

계 12:10, 내가 또 들으니 하늘에 큰 음성이 있어 가로되 이제 우리 하나님의 구원과 능력과 나라와 또 그의 그리스도의 권세가 이루었으니 우리 형제들을 참소하던 자 곧 우리 하나님 앞에서 밤낮 참소하던 자가 쫓겨 났고

마귀가 사용하는 전략 가운데 하나는 참소하여 침륜에 빠지게 하는 전략입니다.

우리의 죄를 들쑤시고 우리의 허물을 크게 부풀려 생각하게 하면서 회개에 이르게 하는 것이 아니라 절망하게 합니다.

너 같은 죄인이 무슨 하나님의 사람이냐 너 같은 죄인의 기도를 누가 듣겠느냐 이러한 죄책을 부풀려 침륜에 빠지게 즉 뒤로 물러가게 하는 것이 마귀의 전략 중 하나입니다.

같은 죄책감이라도 회개에 이르게 하는 것은 성령의 감동이지만, 침륜에 빠지게, 물러가 절망에 빠지게 하는 것은 마귀가 하는 일입니다.

봉쇄작전4/ 사죄와 구원의 믿음을 확증한다
히 10:39, 우리는 뒤로 물러가 침륜에 빠질 자가 아니요 오직 영혼을 구원함에 이르는 믿음을 가진 자니라

그러므로 우리는 뒤로 물러가는 것이 아니라 사죄와 구원의 믿음을 굳게 하고, 물러가 침륜에 빠지는 것이 아니라 다시 일어서고 주님께 더 가까이 나아가야 할 것입니다.

적극적인 승리의 삶

이제 마귀가 틈을 타지 못하게 하고 마귀를 우리의 삶에서 축출하고 마귀로 우리 마음에 길을 내지 못하게 할 뿐 아니라 적극적으로 하나님과 함께 사는 삶을 추구하는 것입니다.

마귀가 접근할 틈이 없도록 주님과 밀착되어 사는 것입니다.

이를 위하여 세 가지를 명심하십시오.

(1) 성령 충만함을 받으라
엡 5:18, 술 취하지 말라 이는 방탕한 것이니 오직 성령의 충만을 받으라

하나님의 영으로 충만한 마음에 마귀가 들어올 수 없음은 당연합니다. 늘 성령 충만한 삶을 살도록 해야 합니다.

(2) 말씀 묵상과 기도로 여주동행 하라
딤전 4:8, 육체의 연습은 약간의 유익이 있으나 경건은 범사에 유익하니 금생과 내생에 약속이 있느니라

성령 충만한 삶을 유지하는 길은 말씀묵상과 기도로 주님과의 교제를 날마다 새롭고 깊이 있게 이어가는 것입니다.

(3) 소명을 찾아 살고 순종의 삶을 살라
갈 2:20, 내가 그리스도와 함께 십자가에 못 박혔나니 그런즉 이제는 내가 산 것이 아니요 오직 내 안에 그리스도께서 사신 것이라 이제 내가 육

체 가운데 사는 것은 나를 사랑하사 나를 위하여 자기 몸을 버리신 하나님의 아들을 믿는 믿음 안에서 사는 것이라

또한 적극적으로 우리의 소명을 발견하고 소명을 따라 헌신하는 삶을 살아가면 우리는 하나님과 동행하면서 승리하게 됩니다.

우리의 삶이 느슨하거나 우리의 삶이 허영 된 것을 추구하거나 하면 마귀의 올무에 자주 걸리지만 소명에 살고 소명에 죽고자 하면 마귀가 틈탈 새가 없습니다.

주님과 하나되어 살아가기 때문입니다.

우리 마음에서 마귀와 그의 세력들을 축출하고 오직 성령님을 모시고 주님과 하나 되어 승리하는 삶이 되게 합시다.

▶ 참고 _ **치유기도 신청서**

소속(조)	
이름	
직분	
병명	
햇수	

전인 건강 진단서

요일 1:9, 만일 우리가 우리 죄를 자백하면 저는 미쁘시고 의로우사 우리 죄를 사하시며 모든 불의에서 우리를 깨끗케 하실 것이요

약 5:16, 이러므로 너희 죄를 서로 고하며 병 낫기를 위하여 서로 기도하라 의인의 간구는 역사하는 힘이 많으니라

벧전 4:8, 무엇보다도 열심으로 서로 사랑할지니 사랑은 허다한 죄를 덮느니라

이름		직분	
몸	병명		햇수
마음	( )근심 걱정 염려하는 것이 많이 있는가?		
	( )긴장이나 스트레스를 심히 느끼는가?		
	( )세상 허욕에 이끌려 불만족에 사는가?		
	( )재물, 인기 명예,지위 권력 등을 추구하는 인생인가?		
	( )용서 못한 원한과 분노가 남아 있는가?		
	( )자존감이 결여되거나 심한 열등감이 있는가?		
	( )버림받은 느낌이나 우울증이 있는가?		
	( )소심함이나 사람에 대한 두려움이 있는가?		

	( )시기 질투가 심한가? ( )독선과 오만은 없는가? ( )부정적이거나 비판적인 마음은 아닌가?
영혼	( )회개하지 않은 죄는 없는가? ( )마귀가 드나들 구실이 될 죄 된 습관은 없는가? ( )우상이나 미신에 연결된 무엇은 없는가? ( )점술, 사단숭배, 영교, 단 기 수련, 초월명상, 최면술 등 주술이나 마법 행위는 없는가? ( )부적이나 강신 행위, 무당 굿을 한 적이 없는가? ( )절이나 사당에 입적시킨 적은 없는가? ( )교만은 없는가? ( )하나님을 경시하는 태도는 없는가? ( )조상적부터 내려오는 죄는 없는가?
습관	아래와 같은 중독증상은 없는가?
중독	( )소유중독 ( )술 중독 ( )절식증 ( )담배중독 ( )심한 의존 ( )일 중독 ( )컴퓨터중독 ( )마약중독 ( )탐식증 ( )TV 중독 ( )게임중독 ( )성 중독

죄의 점검 목록

죄의 목록을 점검하고 해당되는 죄를 회개하고 씻음 받읍시다

	원죄/유전죄	생각의 죄	말의 죄	행위의 죄
하나님 불신				
교 만				
불순종				
우상숭배				
미 신				
무 당				
점 술				
사탄숭배				
성 범죄				
간 음				
수 음				
강 간				
스와핑				
성 매매				
동성애				

	원죄/유전죄	생각의 죄	말의 죄	행위의 죄
포르노				
불의				
추악				
탐욕				
악의				
살인				
분쟁				
사기				
악독				
비방				
능욕				
교만				
자랑				
부모거역				
악도모				
배약				
무정				
무자비				

아 침 묵 상

월   일/금   잠3:1-10

잠 3:1, 내 아들아 나의 법을 잊어버리지 말고 네 마음으로 나의 명령을 지키라
2, 그리하면 그것이 너로 장수하여 많은 해를 누리게 하며 평강을 더하게 하리라
3, 인자와 진리로 네게서 떠나지 않게 하고 그것을 네 목에 매며 네 마음판에 새기라
4, 그리하면 네가 하나님과 사람 앞에서 은총과 귀중히 여김을 받으리라
5, 너는 마음을 다하여 여호와를 의뢰하고 네 명철을 의지하지 말라
6, 너는 범사에 그를 인정하라 그리하면 네 길을 지도하시리라
7, 스스로 지혜롭게 여기지 말지어다 여호와를 경외하며 악을 떠날지어다
8, 이것이 네 몸에 양약이 되어 네 골수로 윤택하게 하리라
9, 네 재물과 네 소산물의 처음 익은 열매로 여호와를 공경하라
10, 그리하면 네 창고가 가득히 차고 네 즙틀에 새 포도즙이 넘치리라

1. 하나님을 만나고 주님의 음성을 듣고자 하는 마음으로 기도하고 본문 말씀을 주의 깊게 읽어 보십시오.

2. 무엇을 깨닫습니까? 어떻게 살라고 말씀 하십니까?

3. 건강한 삶을 위한 비결을 깨닫습니까? 그것이 무엇입니까?

아 침 묵 상

월   일/토   시103: 1-15

시 103:1, 내 영혼아 여호와를 송축하라 내 속에 있는 것들아 다 그 성호를 송축하라

2, 내 영혼아 여호와를 송축하며 그 모든 은택을 잊지 말지어다

3, 저가 네 모든 죄악을 사하시며 네 모든 병을 고치시며

4, 네 생명을 파멸에서 구속하시고 인자와 긍휼로 관을 씌우시며

5, 좋은 것으로 네 소원을 만족케 하사 네 청춘으로 독수리같이 새롭게 하시는도다

6, 여호와께서 의로운 일을 행하시며 압박당하는 모든 자를 위하여 판단하시는도다

7, 그 행위를 모세에게, 그 행사를 이스라엘 자손에게 알리셨도다

8, 여호와는 자비로우시며 은혜로우시며 노하기를 더디 하시며 인자하심이 풍부하시도다

9, 항상 경책지 아니하시며 노를 영원히 품지 아니하시리로다

10, 우리의 죄를 따라 처치하지 아니하시며 우리의 죄악을 따라 갚지 아니하셨으니

11, 이는 하늘이 땅에서 높음같이 그를 경외하는 자에게 그 인자하심이 크심이로다

12, 동이 서에서 먼 것같이 우리 죄과를 우리에게서 멀리 옮기셨으며

13, 아비가 자식을 불쌍히 여김같이 여호와께서 자기를 경외하는 자를 불쌍히 여기시나니

14, 이는 저가 우리의 체질을 아시며 우리가 진토임을 기억하심이로다

15, 인생은 그 날이 풀과 같으며 그 영화가 들의 꽃과 같도다

1. 하나님을 만나고 주님의 음성을 듣고자 하는 마음으로 기도하고 본문 말씀을 주의 깊게 읽어 보십시오.

2. 무엇을 깨닫습니까? 어떻게 살라고 말씀 하십니까?

3. 하나님은 어떤 분이며 그분을 만나는 은혜가 무엇입니까?

4. 이번 전인치유 수양회를 통하여 감사하고 찬양할 일은 무엇입니까?

제자훈련

　제자훈련은 성도가 기본적으로 성장하여 그리스도의 제자로 교회의 일꾼으로 하나님 나라의 용사로 양육되게 하는 훈련 과정입니다.
　제자훈련은 소 그룹으로 실시하는 것이 원칙이며 가능한 한 담임 목사가 실시하는 것이 좋습니다.
　맨 처음 한 그룹(약10명)을 담임 목사가 훈련합니다.
　이후에는 개 교회의 사정에 따라 다음과 같이 진행합니다.

1) 훈련해야 할 신자의 수가 적을 경우는 다음에도 10명 내외의 소 그룹으로 훈련합니다.
2) 훈련해야 할 신자가 많은 경우, 새 신자들이 많은 경우에는 강의실 교육으로 훈련할 수 있습니다.

　그러나 이 경우에도 소 그룹 모임이 있어야 합니다. 먼저 훈련시킨 성도를 소 그룹 리더로 세워 10명씩 소 그룹으로 나누어서 강의실 교육에서 결여되는 친밀한 나눔을 보완 합니다.

예를 들어서 제자 훈련해야 할 대상이 한 번에 50명이라고 가정하면 50명이 한 번에 모여 담임 목사로부터 강의를 듣습니다. 그리고는 10명 단위로 소 그룹을 정하고 소 그룹 리더와 함께 소 그룹 별로 모여 적용질문 중심으로 나누고 서로를 위하여 기도하는 일을 합니다.

각 셀에서는 새 신자를 제자훈련 학교에 보내어 훈련 받게 해야 합니다. 교재는 전 5권으로 각 권마다 8과씩 되어 있고 일주일에 한 과씩 다루도록 구성되어 있습니다.

개 교회 성도들의 학력과 영적 수준을 보아가며 지도자는 기간을 정할 수 있습니다. 한 번 모여서 한 과를 할 수 있고, 반 과만 할 수도 있고 권장하지는 않지만 두 과를 갈 수도 있습니다.

제자훈련 지도자 교안은 별도로 "제자훈련"이란 책으로 제작되었습니다.

천국 가정 수양회

천국가정 수양회는 가정을 복되게 회복하려는데 그 목적이 있습니다. 부부가 함께 참석하는 것이 가장 좋습니다. 그러나 홀로 오는 사람도 거절하지 말고 받아서 우선 한 사람만이라도 건강하고 복된 가정을 세우는 성경적 원리들을 깨닫고 실천하도록 도와 주어야 합니다.

천국가정 수양회 일정 및 매뉴얼

	금	토
새벽 6시		강의/ 부부의 원리 작성/ 부부간 상대방 칭찬 7가지 　　　배려 부탁 3가지 나눔/ 작성한 것을 토대로 서로 상대와 대화 　　　작성한 기록을 교환하고 노력을 다짐 부부 손 잡고 서로 축복 기도하기
오전 9시 10시 30분		강의/ 부모와 자녀 편지/ 자녀에게 편지쓰기 강의/ 여호와가 세우는 집 파송 예배
오후 6시	저녁식사	
저녁 7시	개강예배 강의/ 천국 가정의 원리 셀 모임/ 우리가정은 　　　　천국인가?	

1) 금요일 오후 6시부터 등록하며 저녁 식사를 하도록 합니다.
2) 금요일 저녁 7시에 찬양예배로 개강예배들 드립니다.
3) 저녁 7시 반에 첫 강의 "천국 가정의 원리"를 강의 합니다.
4) 저녁 8시 반에 셀 모임을 갖습니다.

    셀은 남성은 남성끼리 여성은 여성끼리로 편성합니다.

    셀 모임의 주제는 "우리 가정은 천국일까?" "나는 천국 가정을 만드는데 긍정적인 사명을 다하고 있는가?"로 서로의 가정에 관한 점검과 반성과 비전과 기도제목을 나누고 격려하고 축복하며 기도합니다. 조원들이 다 나눈 후 한 사람씩 가정을 축복하며 기도합니다.

5) 다음날 6시에 모여 강의 두 번째 "행복한 부부의 원리" 강의합니다.
6) 7시 각자 자기 남편이나 아내에게 칭찬하는 내용 7가지와 배려해 달라거나 부탁하는 말 3가지를 적게 합니다.(볼펜과 종이를 미리 준비하여 둡니다. 양식은 이 장 끝에 있습니다)
7) 부부가 함께 온 경우는 부부끼리 앉게 하고 홀로 온 경우는 홀로 온 사람끼리 둘씩 짝을 지어 앉아서 각자 적은 것을 나누며 칭찬하고 부탁하고 하게 합니다.
8) 부부가 손 잡고 또는 짝끼리 손 잡고 서로 축복하여 기도하게 합니다.
9) 8시 아침식사를 합니다
10) 아침 9시에 모입니다. 세 번째 강의 "부모와 자녀의 원리"를 강의합니다.
11) 강의가 끝나는 대로 대략 10시에 자녀에게 편지 쓰는 시간을 갖습니다.
12) 10시 30분 네 번째 강의 "여호와가 세우는 집"을 강의합니다.
13) 11시 "우리 가정의 비전"을 적어 봅니다.

    이것은 그대로 가지고 가서 기도하며 살게 합니다.

14) 11시30분 찬양예배로 파송 예배를 드립니다.

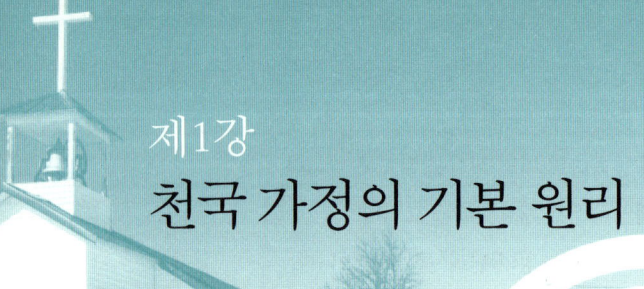

제1강
천국 가정의 기본 원리

잠 15:16, 가산이 적어도 여호와를 경외하는 것이 크게 부하고 번뇌하는 것보다 나으니라
17, 여간 채소를 먹으며 서로 사랑하는 것이 살진 소를 먹으며 서로 미워하는 것보다 나으니라

하나님께서는 사람을 창조하실 때부터 가정을 이루고 살도록 창조하셨습니다.

인간이 타락한 이후 가정은 많은 상처를 가지고 살아가고 있습니다.

그러나 하나님은 우리가 구원받고 가정도 회복되어 천국을 이루며 살아가기를 원하시고 또 그렇게 축복하십니다.

천국 가정을 이루는 두 가지 기본적이고 중요한 원리가 잠언에 계시되어 있습니다.

하나는 신앙의 원리요, 또 하나는 사랑의 원리입니다.

1. 신앙의 원리

"가산이 적어도 여호와를 경외하는 것이 크게 부하고 번뇌하는 것보다 나으니라"

사람들은 보통 돈이 많아야 행복하게 산다고 생각합니다.

물론 가정에 재산이 있으면 좋겠지요.

그러나 경제적인 것은 필수지만 절대적인 것은 아닙니다.

가정에 하나님을 모시는 것이 천국 가정의 절대적 원리입니다.

하나님을 모시고 하나님의 축복을 누리는 것이 진정한 가정의 축복입니다.

하나님을 모시고 하나님의 말씀이 가정을 다스리도록 해야 가장 복된 가정, 천국 가정이 됩니다.

하나님의 법은 우리의 행복을 위하여 주신 것입니다.

하나님의 법을 따른다는 것은 우리가 하나님의 복을 받고 누리게 된다는 것을 의미합니다.

> 신 6:24, 여호와께서 우리에게 이 모든 규례를 지키라 명하셨으니 이는 우리로 우리 하나님 여호와를 경외하여 항상 복을 누리게 하기 위하심이며 또 여호와께서 우리로 오늘날과 같이 생활하게 하려 하심이라

피난시절을 지내고 아무 것도 없이 상경하여 판자집에 세 들어 살던 때의 이야기 입니다.

어느 여름날 동생과 동생의 부유한 친구가 우리 집에 와서 점심을 함께 먹게 되었습니다.

상을 차리고 감사 기도를 하고 식사를 시작했는데 갑자기 소나기가 쏟아지기 시작합니다.

지붕에서 타악기 연주하는 소리가 들리더니 빗물이 한 방울 두 방울 떨어지더니 급기야 물이 콸콸 쏟아지는 것입니다.

양동이를 가져다 물을 받고 난리가 났습니다.

밥 먹던 집안 분위기는 어수선해지고 동생과 친구는 안절부절 합니다. 이 때 예수 믿어 한참 은혜 생활하던 어머님이 시를 읊었습니다. "허허, 감사도 하지. 앉은 자리에서 폭포수 감상하네 그려!"하고 웃으시자 집안 분위기가 화목해졌습니다.

다행히 소나기는 금방 그치고 방안에 고인 물을 닦아내고는 마저 식사를 끝내고 동생과 친구가 나갑니다.

내가 따라 나가 동생의 친구에게 악수하며 "누추한 집이지만 자주 놀러 오게"라고 인사를 건네자 그 친구는 내 손을 꼭 잡은 채로

"형님, 저는 오늘 형님 댁에 와서 놀라운 것을 보고 갑니다."

"에이 이 사람 앉은 자리에서 폭포수 좀 감상했다고 무슨 놀라운 일인가?"

" 아닙니다. 형님네는 비록 비가 새는 판자집에 살아도 천국입니다. 나도 이 집에 살고 싶습니다."하는 것이었습니다.

천국은 비가 새는 집이어야 한다고 말하는 것이 아닙니다. 비록 비가 새는 집이라도 천국이 될 수 있다는 것입니다. 나는 이후로 438장(통495장) 찬송을 감격하며 부르고 주님을 모시고 천국을 누리는 가정으로 살아가고 있습니다.

가정적 신앙

가정에 하나님을 모신다고 할 때 한가지 고려할 일이 있습니다.

가정을 이루는 지체 즉 식구들이 다 예수 믿는다고 자동적으로 그 가정이 천국이라고 할 수 있는 것은 아닙니다.

공동체적으로 하나님을 섬기고 예배하고 함께 찬양하고 기도하는 가정이 되어야 합니다.

여호수아는 자기 혼자가 아니라 온 집안이 하나님을 섬기겠노라고 결단하는 말을 합니다.

> 수 24:15, 만일 여호와를 섬기는 것이 너희에게 좋지 않게 보이거든 너희 열조가 강 저편에서 섬기던 신이든지 혹 너희의 거하는 땅 아모리 사람의 신이든지 너희 섬길 자를 오늘날 택하라 오직 나와 내 집은 여호와를 섬기겠노라

그렇습니다.

온 집안이 더불어 섬겨야 하고 가정적인 신앙, 공동체적인 예배가 있어야 합니다.

밀양에서 목회할 때 한 젊은 집사 부부가 교회생활을 잘 했는데 사업이 어려워 망하게 되었습니다.

저들은 새벽마다 교회 와서 기도하곤 했습니다. 어느 날 심방을 가서 기도하는 중에 어떤 질문을 하라는 감동이 와서 질문 했습니다.

"집사님들, 이 어려움을 극복하게 도와 달라고 하나님께 기도하고 계십니까?"

"물론이죠 새벽마다 기도하는 것 보시지 않았나요?"

두 번째 질문이 중요했습니다.

"그러면 새벽에 각자 나와서 기도하는 것 외에 두 분이 함께 기도해 본 적이 있습니까?"

없었다는 것입니다.

그래서 "하나님이 가정적 신앙을 가르쳐 주시기 원하시는 것 같습니다." 새벽에는 나와 각자 기도하고 저녁마다 둘이 함께 합심하여 하나님께 나아가고 기도하시기 바랍니다."

그 날 저녁부터 그들은 함께 기도하였고 어려움은 머지않아 극복 되었습니다.

온 가족이 하나님을 섬기는 가정 예배가 있어야 합니다. 함께 찬양하고 함께 하는 기도가 있어야 합니다. 그러한 가정은 천국 가정이 되고 천국을 누리고 지켜갈 것입니다.

2. 사랑의 원리

두 번째 원리는 사랑의 원리 입니다.

"여간 채소를 먹으며 서로 사랑하는 것이 살진 소를 먹으며 서로 미워하는 것보다 나으니라"

여간 채소란 보통 채소라는 말입니다.

가난하여 일반 채소나 먹는 집안이라도 서로 사랑하면 행복합니다.

사랑의 원리가 가정을 지배하면 천국 가정입니다.

사랑의 원리가 가정을 지배하지 않고 돈의 원리가 지배하거나 출세의 원리가 지배하면 천국이 될 수 없고 불행합니다.

사랑은 하나님의 속성이기도 하거니와 신앙은 사랑으로 적용됩니다.

서로 사랑하는 가정에 하나님이 거하시고 하나님의 사랑으로 서로 사랑하면 정말 행복한 가정이 됩니다

> 요일 4:12 어느 때나 하나님을 본 사람이 없으되 만일 우리가 서로 사랑하면 하나님이 우리 안에 거하시고 그의 사랑이 우리 안에 온전히 이루느니라

우리가 예수도 믿지 않고 가난하게 살 때 아버님이 어쩌다 가벼운 반

찬 투정을 했습니다.

"우리 집 밥상은 초지 일관이야. 늘 푸른 초원이거든."

고기나 생선 반찬이 한 번도 올라오지 않는다는 투정이었습니다.

"돈 벌어와 봐. 누구는 요리 할 줄 몰라서 안 하는 줄 알아?"

어머님은 맞받아 쏘아 부쳤습니다.

잘 생각해 보십시오.

이 집안은 어떤 원리가 지배하고 있습니까?

예, 돈의 원리가 지배합니다.

물론 가난하긴 하지만 모든 것이 돈을 우선해서 생각하고 대화가 진행되니 삭막하고 불행합니다.

그런데 나중에 우리가 예수 믿고 하나님 중심으로 살게 되었습니다. 아직도 가난하기는 마찬가지였습니다.

그 때 비슷한 반찬 투정이 나왔습니다.

"우리 집 밥상은 정말 초지 일관이야. 늘 푸른 초원이라니까."

이 때 어머님의 대응은 너무 차이가 났습니다.

"허허, 초원이 푸르르다 보면 송아지 망아지가 뛰어 놀겠지요."

얼마나 멋진 시입니까?

성경은 말합니다.

엡 5:19, 시와 찬미와 신령한 노래들로 서로 화답하며 너희의 마음으로 주께 노래하며 찬송하며

성숙한 사랑

아 2:16, 나의 사랑하는 자는 내게 속하였고 나는 그에게 속하였구나 그가 백합화 가운데서 양 떼를 먹이는구나

아 6:3, 나는 나의 사랑하는 자에게 속하였고 나의 사랑하는 자는 내게 속하였다 그가 백합화 가운데서 그 양 떼를 먹이는구나

아 7:10, 나는 나의 사랑하는 자에게 속하였구나 그가 나를 사모하는구나

사랑에도 성숙한 사랑이 있습니다.

아가서에는 부부가 서로 사랑하는 감정과 정도를 표현하는 말이 있는 중에 사랑의 성숙을 나타내는 모습이 보입니다.

처음에는 나의 사랑하는 자는 내게 속하였고 나는 그에게 속하였구나. 라고 먼저 상대가 내게 속한 것을 확인하고 자기도 상대에게 속하였다고 고백합니다.

서로가 서로에게 속하였다고 고백하는 것은 한 몸 된 사랑을 나타내는 것입니다.

그러나 초기에는 그래도 상대가 내게 먼저 속한 것이 확인되므로 자신이 상대에게 속하였다고 말합니다.

두 번째 단계는 나는 나의 사랑하는 자에게 속하였고 나의 사랑하는 자는 내게 속하였다 그 순서가 바뀝니다.

내가 상대에게 속하였다고 고백하고 상대도 내게 속한 것을 확인합니다. 상당히 성숙한 모습입니다.

상대를 먼저 내세웁니다.

그러나 세 번째 단계는 더욱 성숙하고 완전합니다. 나는 나의 사랑하는 자에게 속하였구나. 한마디로 끝납니다.

상대가 내게 속한 것은 확인하지 않아도 될 정도 입니다.

내가 상대에게 속하였다는 것만 생각하고 삽니다.

가족간에 서로 자신에게 맞추라고 하고 자신의 욕망을 채워 달라고 요구하는 단계에 머물면 모자랍니다.

상대에게 나를 속하게 하고 상대 중심으로 사랑하는 것이 성숙한 사랑입니다.

이러한 사랑을 주고 받는 가정은 천국인 것입니다.

3. 여우를 잡으라

아 2:15, 우리를 위하여 여우 곧 포도원을 허는 작은 여우를 잡으라 우리
의 포도원에 꽃이 피었음이니라

신앙의 원리와 사랑의 원리보다 앞서는 아무것도 가정에 들여 놓지 말아야 합니다.

그것은 포도원을 허는 여우가 되는 것입니다..

제2강
행복한 부부의 원리

1. 한 몸의 원리

창 2:18, 여호와 하나님이 가라사대 사람의 독처하는 것이 좋지 못하니 내가 그를 위하여 돕는 배필을 지으리라 하시니라

19, 여호와 하나님이 흙으로 각종 들짐승과 공중의 각종 새를 지으시고 아담이 어떻게 이름을 짓나 보시려고 그것들을 그에게로 이끌어 이르시니 아담이 각 생물을 일컫는 바가 곧 그 이름이라

20, 아담이 모든 육축과 공중의 새와 들의 모든 짐승에게 이름을 주니라 아담이 돕는 배필이 없으므로

21, 여호와 하나님이 아담을 깊이 잠들게 하시니 잠들매 그가 그 갈빗대 하나를 취하고 살로 대신 채우시고

22, 여호와 하나님이 아담에게서 취하신 그 갈빗대로 여자를 만드시고 그를 아담에게로 이끌어 오시니

23. 아담이 가로되 이는 내 뼈 중의 뼈요 살 중의 살이라 이것을 남자에게 서 취하였은즉 여자라 칭하리라 하니라
24. 이러므로 남자가 부모를 떠나 그 아내와 연합하여 둘이 한 몸을 이룰 지로다

　부부의 원리는 하나님이 창조하던 때에 하나님의 뜻에 따라 세워진 원리입니다.
　무엇보다도 부부의 원리는 한 몸의 원리입니다.
　하나님이 남자와 여자를 창조 하시고 한 남자와 한 여자가 합하여 둘이 한 몸을 이루고 살도록 섭리하셨습니다.
　둘은 하나로 살아갈 때 가장 행복합니다.
　우리들의 일반적인 경향을 보면 연애 시절에는 서로가 서로에게 맞추고 살 것처럼 느낍니다.
　그런데 막상 결혼하고 서로의 차이가 확인되면서 인간의 타락한 이기심이 작동하여 서로가 상대를 자기에게 맞추려고 하게 됩니다.
　여기서 다툼과 긴장이 일어나게 됩니다.
　서로가 상대에게 맞추는 노력을 해야 합니다.
　그렇게 서로 조정되어 하나가 되어가는 것이 결혼의 예술이요 부부의 아름다움 입니다.
　따라서 '당신 때문이야' 하는 일은 안됩니다.
　'내 잘못이요' 해야 합니다..

왜냐하면 상대가 곧 나이기 때문입니다.

한 몸이 갈라지면

창 3:12, 아담이 가로되 하나님이 주셔서 나와 함께 하게 하신 여자 그가 그 나무 실과를 내게 주므로 내가 먹었나이다

둘로 갈라서 생각하게 되면 그것은 타락이고 불행입니다.

아담과 하와가 처음 만났을 때 아담은 하와를 보고 감격하여 "이는 내 뼈 중의 뼈요 살 중의 살이로다"라고 시를 읊어 외쳤습니다.

하나됨의 감격입니다.

그런데 선악과를 먹고 하나님의 책임 추궁을 받자 아담은 하와를 한 몸으로 생각하지 않고 둘로 갈라서 생각하고 하와를 제 3자로 전락시킵니다. "여자 그가"라고 말합니다.

자기의 한 몸을 제 3자로 전락시키므로 아름다운 사랑의 한 몸 관계가 부서지고 있음을 보여 줍니다.

이렇게 한 몸이 아니고 둘로 갈라지는 생각이나 감정은 타락한 생각이며 타락한 감정입니다.

여기서 부부는 문제를 안게 됩니다.

책임 전가가 시작되고 '네 탓'이 가속화 되어 점점 사랑이 아닌 미움이 서로를 지배 하게 됩니다.

부부의 원리는 한 몸 된 원리로 살아가야 천국입니다.

1) 질서와 사랑의 원리

엡 5:22, 아내들이여 자기 남편에게 복종하기를 주께 하듯 하라

23, 이는 남편이 아내의 머리 됨이 그리스도께서 교회의 머리 됨과 같음이니 그가 친히 몸의 구주시니라

24, 그러나 교회가 그리스도에게 하듯 아내들도 범사에 그 남편에게 복종할지니라

25, 남편들아 아내 사랑하기를 그리스도께서 교회를 사랑하시고 위하여 자신을 주심같이 하라

26, 이는 곧 물로 씻어 말씀으로 깨끗하게 하사 거룩하게 하시고

27, 자기 앞에 영광스러운 교회로 세우사 티나 주름잡힌 것이나 이런 것들이 없이 거룩하고 흠이 없게 하려 하심이니라

28, 이와 같이 남편들도 자기 아내 사랑하기를 제 몸같이 할지니 자기 아내를 사랑하는 자는 자기를 사랑하는 것이라

29, 누구든지 언제든지 제 육체를 미워하지 않고 오직 양육하여 보호하기를 그리스도께서 교회를 보양함과 같이 하나니

30, 우리는 그 몸의 지체임이니라

31, 이러므로 사람이 부모를 떠나 그 아내와 합하여 그 둘이 한 육체가 될지니

32, 이 비밀이 크도다 내가 그리스도와 교회에 대하여 말하노라

33, 그러나 너희도 각각 자기의 아내 사랑하기를 자기같이 하고 아내도 그 남편을 경외하라

부부가 한 몸의 원리로 살아야 하는데 현실에서는 엄연히 둘입니다. 둘이 하나를 이루는 공동체로 사는 것이지 문자적으로 한 몸이 되지는

않습니다.

그래서 공동체로 살아가는 과정에서 하나가 되기 위한 질서가 세워질 필요가 생깁니다.

어느 사회건 공동체로 살아갈 때는 질서를 위한 원리가 있습니다.

그런데 하나님께서 가정에는 남편을 두 사람이 하나되어 살아가는 공동체의 대표로 임명하셨습니다.

서로 대표가 되려는 주도권 다툼을 할 필요 없이 아예 대표를 임명하신 것이라 보여 집니다.

남편이 가정의 대표가 되어 가정을 책임지고 다스리게 하셨습니다.

성경에 남편은 아내를 사랑하되 주께서 교회를 위하여 자신을 내어주심같이 목숨 걸고 사랑하라고 하십니다.

참 무겁고 대단한 사명입니다.

무겁고 대단한 사명이 남편에게 주어졌기에 아내는 남편이 대표로 책임을 다해 가정을 이끌어 가는 일에 힘이 되도록 순종하라 하셨습니다.

대표권을 인정하고 격려하라는 뜻이지요.

남존여비 사상과는 거리가 멉니다.

질서와 책임의 문제 입니다.

한 몸 된 원리가 전제 되지 않는다면 남존여비 사상을 낳을 수 있겠지만 한 몸의 원리에서는 높고 낮음의 문제가 아니라 하나된 공동체의 질서로서 남편과 아내의 역할을 둔 것이라고 봅니다.

215

이 질서를 잘 지키면 아름다운 가정이 됩니다.

2) 부부의 애정생활

아 4:11, 내 신부야 네 입술에서는 꿀 방울이 떨어지고 네 혀 밑에는 꿀과 젖이 있고 네 의복의 향기는 레바논의 향기 같구나
12, 나의 누이, 나의 신부는 잠근 동산이요 덮은 우물이요 봉한 샘이로구나
13, 네게서 나는 것은 석류나무와 각종 아름다운 과수와 고벨화와 나도초와
14, 나도와 번홍화와 창포와 계수와 각종 유향목과 몰약과 침향과 모든 귀한 향품이요
15, 너는 동산의 샘이요 생수의 우물이요 레바논에서부터 흐르는 시내로구나

부부간에는 한 몸 되게 하는 원리가 또 있습니다.

그것은 성생활입니다.

하나님이 남자와 여자로 만드시고 둘이 한 몸을 이루라고 하신 것은 육체적으로도 하나된 삶, 성생활을 하도록 섭리하셨습니다.

다른 동물들의 성은 종족 번식을 위한 것이 대부분이지만 사람에게 성은 종족 번식보다 우위의 원리가 있는데 한 몸 되는 원리입니다.

둘이 하나로 살아가는 원리로서 주셨습니다.

그러므로 인간은 종족 번식이 끝나도 성생활은 존재 합니다.

부부간에는 성생활도 중요한 원리가 됩니다.

건강하고 순결한 성생활이 이루어져야 합니다.

성생활에도 원리가 있습니다.

(1) 몸으로 하는 대화

인간에게 있어서 성행위는 단순한 충동적 행위가 아니라 몸으로 하는 대화요, 둘이 하나되는 행위입니다.

동물적 충동으로 행하는 성행위라면 한참 모자랍니다.

서로의 사랑을 주고 받으며 서로가 하나임을 즐거워하는 교제로서의 성행위를 해야 행복합니다.

성경에도 성생활의 아름다움이 축복으로 계시되어 있습니다.

아 5:10, 나의 사랑하는 자는 희고도 붉어 만 사람에 뛰어난다
11, 머리는 정금 같고 머리털은 고불고불하고 까마귀같이 검구나
12, 눈은 시냇가의 비둘기 같은데 젖으로 씻은 듯하고 아름답게도 박혔구나
13, 뺨은 향기로운 꽃밭 같고 향기로운 풀언덕과도 같고 입술은 백합화 같고 몰약의 즙이 뚝뚝 떨어진다 14, 손은 황옥을 물린 황금 노리개 같고 몸은 아로새긴 상아에 청옥을 입힌 듯하구나
15, 다리는 정금 받침에 세운 화반석 기둥 같고 형상은 레바논 같고 백향목처럼 보기 좋고
16, 입은 심히 다니 그 전체가 사랑스럽구나 예루살렘 여자들아 이는 나의 사랑하는 자요 나의 친구일다
아 7:6, 사랑아 네가 어찌 그리 아름다운지, 어찌 그리 화창한지 쾌락하게 하는구나
7, 네 키는 종려나무 같고 네 유방은 그 열매송이 같구나

8, 내가 말하기를 종려나무에 올라가서 그 가지를 잡으리라 하였나니 네 유방은 포도송이 같고 네 콧김은 사과 냄새 같고

9, 네 입은 좋은 포도주 같을 것이니라 이 포도주는 나의 사랑하는 자를 위하여 미끄럽게 흘러 내려서 자는 자의 입으로 움직이게 하느니라

10, 나는 나의 사랑하는 자에게 속하였구나 그가 나를 사모하는구나

11, 나의 사랑하는 자야 우리가 함께 들로 가서 동네에서 유숙하자

12, 우리가 일찌기 일어나서 포도원으로 가서 포도 움이 돋았는지, 꽃술이 퍼졌는지, 석류꽃이 피었는지 보자 거기서 내가 나의 사랑을 네게 주리라

(2) 하나됨을 확인하는 행위

성행위는 몸으로 하는 대화이면서 서로 하나됨을 확인하고 감사하고 기뻐하는 축제입니다.

서로 즐거워하는 행위요 감격하는 행위인 것입니다.

10, 나는 나의 사랑하는 자에게 속하였구나 그가 나를 사모하는구나

(3) 성의 성실성

따라서 성생활에는 성실성이 요구됩니다.

한 몸의 원리가 지켜져야 합니다.

한 남자와 한 여자가 결합하여 하나를 이루는 것입니다.

셋이 하나될 수는 없습니다.

둘 사이에는 끼어들 수 있는 것이 없습니다.

서로 다른 남자나 다른 여자를 상정하거나 관계하여서는 안됩니다. 동물적 충동에 의하여 하는 행위가 아니라 둘이 하나되는 행위이기에 둘 사이에 성실함과 순결함이 있어야 합니다.

성경은 성의 거룩성을 대단히 중요하게 다룹니다.

> 창 2:24, 이러므로 남자가 부모를 떠나 그 아내와 연합하여 둘이 한 몸을 이룰지로다
> 잠 5:18, 네 샘으로 복되게 하라 네가 젊어서 취한 아내를 즐거워하라
> 19, 그는 사랑스러운 암사슴 같고 아름다운 암노루 같으니 너는 그 품을 항상 족하게 여기며 그 사랑을 항상 연모하라
> 히 13:4, 모든 사람은 혼인을 귀히 여기고 침소를 더럽히지 않게 하라 음행하는 자들과 간음하는 자들을 하나님이 심판하시리라

(4) 서로를 위한 행위

성행위에 있어서 한 가지 더 고려할 사항은 성행위가 서로 상대를 위한 행위가 되도록 해야 한다는 것입니다.

남편은 아내가, 아내는 남편이 주장한다고 말합니다.

그러니까 상대를 위한 것이 되어야 하고 상대를 축복하는 것이 되게 하라는 것입니다.

자기의 욕망이 충족되는 행위로서가 아니라 상대가 충족되는 행위, 상대를 깊이 배려하는 성생활이 되어야 합니다.

고전 7:3, 남편은 그 아내에게 대한 의무를 다하고 아내도 그 남편에게 그렇게 할지라

4, 아내가 자기 몸을 주장하지 못하고 오직 그 남편이 하며 남편도 이와 같이 자기 몸을 주장하지 못하고 오직 그 아내가 하나니

5, 서로 분방하지 말라 다만 기도할 틈을 얻기 위하여 합의상 얼마 동안은 하되 다시 합하라 이는 너희의 절제 못함을 인하여 사단으로 너희를 시험하지 못하게 하려 함이라

제3강
부모와 자녀 사이

엡 6:1, 자녀들아 너희 부모를 주 안에서 순종하라 이것이 옳으니라
2, 네 아버지와 어머니를 공경하라 이것이 약속 있는 첫 계명이니
3, 이는 네가 잘 되고 땅에서 장수하리라
4, 또 아비들아 너희 자녀를 노엽게 하지 말고 오직 주의 교양과 훈계로 양육하라

1. 부모에 대한 자녀의 태도

1) 순종

부모에 대한 자녀의 태도는 두 가지로 집약되어 있습니다.
먼저는 순종입니다.
순종이란 무엇입니까?
순종이란 상급자의 말에 경청하고 따른다는 뜻입니다.

부모와 자녀 간에는 서로 각자 분명한 독립적 가치가 인정되더라도 부모는 자녀보다 상급자 개념입니다.

인격이나 능력이 자녀보다 반드시 부모가 더 낫다는 뜻이 아니라 자녀들은 부모의 사랑의 양육을 받고 자라게 되어 있으므로 기본적으로 순종하라고 한 것입니다.

배움은 순종하는 데서 이루어집니다. 양육도 순종하는 데서 이루어집니다.

순종은 자녀의 기본적인 자세입니다.

성경에는 순종하라고 되어 있으며 순종하지 않는 자식은 성읍 사람들의 심판에 붙이라고 말하기도 합니다.

> 신 21:18, 사람에게 완악하고 패역한 아들이 있어 그 아비의 말이나 그 어미의 말을 순종치 아니하고 부모가 징책하여도 듣지 아니하거든
> 19, 그 부모가 그를 잡아가지고 성문에 이르러 그 성읍 장로들에게 나아가서
> 20, 그 성읍 장로들에게 말하기를 우리의 이 자식은 완악하고 패역하여 우리 말을 순종치 아니하고 방탕하며 술에 잠긴 자라 하거든
> 21, 그 성읍의 모든 사람들이 그를 돌로 쳐죽일지니 이같이 네가 너의 중에 악을 제하라 그리하면 온 이스라엘이 듣고 두려워하리라

부모가 시키는 대로 문자적으로 따르기 어려운 경우도 있겠지만 기본적으로 순종하는 자세여야 하고 부모의 선한 뜻을 헤아려 따르는 자세여야 합니다

2) 공경

두 번째는 공경하라는 것입니다. 공경은 존경하는 마음으로 섬기라는 것입니다. 소중히 여기고 존경을 표시하라는 것이지요.

자녀가 미숙할수록 부모를 업신여기는 경우도 있는데 부모는 모자란 점이 있어도 업신여김의 대상이 될 수 없고 존경의 대상이 되어야 합니다.

왜냐하면 부모는 기본적으로 자녀를 사랑하고 자녀를 위하여 헌신하는 마음이 있기 때문입니다.

성경은 말합니다.

잠 23:22, 너 낳은 아비에게 청종하고 네 늙은 어미를 경히 여기지 말지니라
23, 진리를 사고서 팔지 말며 지혜와 훈계와 명철도 그리할지니라
24, 의인의 아비는 크게 즐거울 것이요 지혜로운 자식을 낳은 자는 그를 인하여 즐거울 것이니라
25, 네 부모를 즐겁게 하며 너 낳은 어미를 기쁘게 하라
레 19:3, 너희 각 사람은 부모를 경외하고 나의 안식일을 지키라 나는 너희 하나님 여호와니라
신 27:16, 그 부모를 경홀히 여기는 자는 저주를 받을 것이라 할 것이요 모든 백성은 아멘 할지니라

대체로 순종은 자라나는 과정에서 행해지고 공경은 성장한 후에 더 행해지게 됩니다.

옛적에 부모를 모시고 사는 대가족 세대에는 자녀가 부모의 노후를

책임지며 함께 살면서 공경했습니다.

오늘 같은 분화된 핵가족 시대에는 부모 공경을 위하여 부모님께 생활비의 십일조를 드리면 공경의 규칙적인 표시가 될 것이라 여겨집니다.

3) 약속

성경은 부모를 섬기고 존경하며 따르고 순종하는 계명을 중하게 여기고 부모를 순종하고 공경하는 자를 축복하고 있습니다.

이를 약속 있는 계명이라 부릅니다.

부모를 공경하는 자는 생명이 길고 복을 누리리라고 합니다.

부모를 공경하는 마음과 자세가 기본적인 인간의 도리이기에 이렇게 사는 자들을 하나님이 복 주십니다.

> 신 5:16, 너는 너의 하나님 여호와의 명한 대로 네 부모를 공경하라 그리하면 너의 하나님 여호와가 네게 준 땅에서 네가 생명이 길고 복을 누리리라

2. 자녀에 대한 부모의 소명과 책임

1) 노엽게 하지 말라

자녀에 대한 부모의 태도는 첫째로 자녀를 노엽게 하지 말라고 합니다. 노엽게 하지 말라는 것은 자녀라고 마치 자기의 예속물인 양 취급하지 말고 인격체로 존중하고 인정하라는 말입니다.

예수님께서는 어린이를 귀하게 여기는 태도를 보이셨습니다.

당시 유대 사회에서 어린이는 인구 수에도 안 들어갈 만큼 가볍게 취급 하였지만 예수님은 어린 아이의 가치를 인정하셨습니다.

마 19:14, 예수께서 가라사대 어린아이들을 용납하고 내게 오는 것을 금하지 말라 천국이 이런 자의 것이니라 하시고

노엽게 하지 않으려면 다음 몇 가지를 고려해야 합니다.

(1) 당당한 인간 대우

자녀가 어리다고 함부로 대하고 부속물로 취급하면 아이들은 노여움을 느낍니다.

한 사람의 인격체로 대해야 합니다. 인격을 존중하고 인정해 주는 분위기에서 자라도록 해 주어야 합니다.

(2) 대화와 친교 속에서

부모와 자녀 간에도 서로의 이해를 위해 대화가 필요합니다.

부모의 권위나 강압에 의한 순종이 아니라 자발적으로 부모를 따르고 공경하게 되어야 합니다.

(3) 서로 신뢰와 일관성

부모가 자녀를 양육할 때 인격적이고 일관성이 있고 합리적이어야 자

녀들은 갈등 없이 부모를 존경하고 따릅니다.

기분이나 감정에 의하여 기준 없이 야단치거나 하는 일이 없이 일관된 기준과 합리적 근거가 있는 교육과 훈계를 해야 합니다.

(4) 축복의 언어

부모가 자녀를 향해 말 할 때는 늘 칭찬과 축복의 언어여야 합니다.

혹 야단 치는 경우에도 사랑과 축복이 담긴 훈계가 되도록 하고 아이들을 경멸하는 태도나 언어는 안됩니다.

야단을 쳐도 긍정적인 방향으로 말하면서 축복의 언어로 야난을 치도록 해야 합니다.

2) 주의 교양으로 양육하라

자녀는 일단 어린 시절에는 양육의 대상이 됩니다.

자녀를 어떻게 양육하느냐 하는 것은 중요한 과제입니다.

성경은 자녀를 주의 교양으로 양육하라고 하십니다.

잠언에서는 마땅히 행할 길을 자녀에게 가르치라고 합니다.

잠 22:6, 마땅히 행할 길을 아이에게 가르치라 그리하면 늙어도 그것을 떠나지 아니하리라

신 6:4, 이스라엘아 들으라 우리 하나님 여호와는 오직 하나인 여호와시니

5, 너는 마음을 다하고 성품을 다하고 힘을 다하여 네 하나님 여호와를 사랑하라

6, 오늘날 내가 네게 명하는 이 말씀을 너는 마음에 새기고
7, 네 자녀에게 부지런히 가르치며 집에 앉았을 때에든지 길에 행할 때에든지 누웠을 때에든지 일어날 때에든지 이 말씀을 강론할 것이며
8, 너는 또 그것을 네 손목에 매어 기호를 삼으며 네 미간에 붙여 표를 삼고
9, 또 네 집 문설주와 바깥 문에 기록할지니라

마땅히 가르쳐야 할 주의 교양은 무엇일까요?

(1)경건한 생활

첫째는 주님을 섬기는 삶으로서의 경건생활을 가르치고 훈련해야 합니다.

말씀을 묵상하며 살아가는 법과 기도하는 법, 하나님을 예배하는 삶 등을 가르치고 훈련해야 합니다.

> 신 4:10, 네가 호렙 산에서 네 하나님 여호와 앞에 섰던 날에 여호와께서 내게 이르시기를 나를 위하여 백성을 모으라 내가 그들에게 내 말을 들려서 그들로 세상에 사는 날 동안 나 경외함을 배우게 하며 그 자녀에게 가르치게 하려 하노라 하시매

(2)영적 가치

그 다음에는 가치관 교육인데 신앙적 가치관, 영적 가치관을 가르치고 교육해야 합니다. 영적 가치의 소중함을 가르치고 생활화 하도록 해

야합니다. 부모 자신도 영적 가치를 추구해야 합니다.

세상적인 가치관으로 출세 지향적인 교육만 해서는 안됩니다.

영적 가치관을 심어주어야 합니다.

> 요 6:63, 살리는 것은 영이니 육은 무익하니라 내가 너희에게 이른 말이 영이요 생명이라

(3) 영원한 가치

또한 영원한 가치를 알게 해야 합니다.

순간적 가치나 지상적 가치보다 영원한 가치 하늘나라의 가치에 중심을 두고 살도록 양육해야 합니다.

> 요 6:27, 썩은 양식을 위하여 일하지 말고 영생하도록 있는 양식을 위하여 하라 이 양식은 인자가 너희에게 주리니 인자는 아버지 하나님의 인치신 자니라

(4) 복의 근원자

복의 근원자의 가치관을 갖고 살도록 가르쳐야 합니다.

자기 중심의 가치관이나 타인을 해치거나 빼앗아서라도 자기 유익만 구하는 세상적 가치를 따르지 않고 복의 근원자로 살아가도록 가르쳐야 합니다.

다른 사람을 복되게 하는 삶을 살도록 교육해야 합니다.

창 12:1, 여호와께서 아브람에게 이르시되 너는 너의 본토 친척 아비 집을
　　　　떠나 내가 네게 지시할 땅으로 가라
2, 내가 너로 큰 민족을 이루고 네게 복을 주어 네 이름을 창대케 하리니
　　너는 복의 근원이 될지라
3, 너를 축복하는 자에게는 내가 복을 내리고 너를 저주하는 자에게는 내가
　　저주하리니 땅의 모든 족속이 너를 인하여 복을 얻을 것이니라 하신지라

2) 훈계로 양육하라

　다음에는 양육방식인데요. 두 가지로 말씀하고 계십니다.
하나는 훈련이고 하나는 징계 입니다.
아이들을 존중한다고 아이들을 자기가 하고 싶은 대로 하도록 기르는 것이 아니라 적절한 삶의 태도와 가치관 그리고 습관을 위하여 훈련이 필요 합니다.
그리고 필요하다면 징계도 사용해야 합니다.
이는 분풀이 식으로 아이들을 야단치는 것을 의미하지 않습니다.
분명한 목표와 이유를 가지고 사랑의 매를 들 수 있어야 한다는 것입니다. 아이들에게 스스로 공부하는 훈련뿐만 아니라 기도하는 훈련, 말씀 묵상하는 훈련, 예배하고 헌금하는 훈련도 해야 합니다.
정직함을 실천하고 근면하고 성실하게 사는 훈련도 필요합니다.

잠 13:24, 초달을 차마 못하는 자는 그 자식을 미워함이라 자식을 사랑하
　　　　는 자는 근실히 징계하느니라

3. 시부모와 며느리 사이

부모와 자녀의 관계를 다루는 중에 우리는 시부모와 며느리 사이의 관계도 고려해야 합니다.

이 부분은 룻기가 잘 가르쳐 줍니다.

며느리 룻과 시어머니 나오미의 아름다운 관계가 하나의 표본이 될 수 있습니다.

우선 보아스가 룻에게 감탄하고 칭찬한 것을 보면 룻은 과연 훌륭한 여인이요 며느리였던 것 같습니다.

> 룻 2:11, 보아스가 그에게 대답하여 가로되 네 남편이 죽은 후로 네가 시모에게 행한 모든 것과 네 부모와 고국을 떠나 전에 알지 못하던 백성에게로 온 일이 내게 분명히 들렸느니라

1) 어머니의 말씀대로

룻이 훌륭한 며느리였던 것은 "어머니의 말씀대로 내가 행하리이다" 하는 자세를 보면 알 수 있습니다.

룻은 부모를 공경하고 순종하라는 말씀을 그대로 시어머니에게 적용하고 있는 것입니다.

시어머니에게도 자기 부모와 똑 같은 순종의 자세를 보이십시오.

룻 3:5, 룻이 시모에게 이르되 어머니의 말씀대로 내가 다 행하리이다 하니라

2) 내 딸아

나오미의 모습 또한 며느리를 딸로 사랑하는 모습이 분명합니다.
"내 딸아" 하고 부르는 다정함이 그 증거입니다.
며느리와 시어머니 사이가 어려운 경우가 많습니다.
그러나 룻기에서는 며느리가 아니라 딸로, 시어머니가 아니라 어머니로 생각하고 느끼고 사랑하고 존경합니다.
아름다운 천국 가족 관계를 볼 수 있습니다.

룻 3:16, 룻이 시모에게 이르니 그가 가로되 내 딸아 어떻게 되었느냐 룻이 그 사람의 자기에게 행한 것을 다 고하고

제4강
여호와가 세우는 집

1. 여호와가 세우는 가정

시 127:1, 여호와께서 집을 세우지 아니하시면 세우는 자의 수고가 헛되며 여호와께서 성을 지키지 아니하시면 파수꾼의 경성함이 허사로다
2, 너희가 일찌기 일어나고 늦게 누우며 수고의 떡을 먹음이 헛되도다 그러므로 여호와께서 그 사랑하시는 자에게는 잠을 주시는도다
3, 자식은 여호와의 주신 기업이요 태의 열매는 그의 상급이로다
4, 젊은 자의 자식은 장사의 수중의 화살 같으니
5, 이것이 그 전통에 가득한 자는 복되도다 저희가 성문에서 그 원수와 말할 때에 수치를 당치 아니하리로다

우리는 철저하게 하나님이 우리 가정의 주인인 것을 믿고 고백하고 그렇게 하나님을 모시고 살아야 합니다.

아무리 새벽부터 밤중까지 노력해도 하나님께서 복 주시지 않으면 안 됩니다. 반면 하나님이 복을 주시면 우리의 성실성이 빛이 나고 보람 있고 형통하고 감격스러운 삶이 됩니다.

여호와께서 세워 주시지 않으면 수고가 헛됩니다.

하나님께서 세워주시는 가정이 되어야 합니다.

하나님께서 축복하시는 가정이 되어야 합니다.

한 마음으로 하나님을 섬기는 가정이 되게 하고 하나님께서 세워 주심을 따라 풍성한 복을 누리는 가정이 되도록 기도하십시오.

2. 하나님의 축복이 흐르는 가정

시 128:1, 여호와를 경외하며 그 도에 행하는 자마다 복이 있도다
2, 네가 네 손이 수고한 대로 먹을 것이라 네가 복되고 형통하리로다
3, 네 집 내실에 있는 네 아내는 결실한 포도나무 같으며 네 상에 둘린 자식은 어린 감람나무 같으리로다
4, 여호와를 경외하는 자는 이같이 복을 얻으리로다
5, 여호와께서 시온에서 네게 복을 주실지어다 너는 평생에 예루살렘의 복을 보며
6, 네 자식의 자식을 볼지어다 이스라엘에게 평강이 있을지로다

하나님을 섬기는 가정은 하나님의 복을 받게 되어 있습니다.

수고한 대로 먹고 성실한 대로 복을 누립니다.

형통함을 얻고 평강을 누립니다. 온 가족이 행복합니다.

평생에 복을 누리며 자손 대대로 복이 흐르고 이어지는 가계가 됩니다. 하나님의 축복이 흘러 내리는 가정을 만들어 가야 합니다.

하나님의 축복의 가통이 흐르는 가정이 되게 하십시오.

3. 하나님의 기억한 바 된 가정

 행 10:1, 가이사랴에 고넬료라 하는 사람이 있으니 이달리야대라 하는 군대의 백부장이라
 2, 그가 경건하여 온 집으로 더불어 하나님을 경외하며 백성을 많이 구제하고 하나님께 항상 기도하더니
 3, 하루는 제 구 시쯤 되어 환상 중에 밝히 보매 하나님의 사자가 들어와 가로되 고넬료야 하니
 4, 고넬료가 주목하여 보고 두려워 가로되 주여 무슨 일이니이까 천사가 가로되 네 기도와 구제가 하나님 앞에 상달하여 기억하신 바가 되었으니
 5, 네가 지금 사람들을 욥바에 보내어 베드로라 하는 시몬을 청하라

고넬료는 하나님을 경외함으로 이웃에게 복을 나누고 베푸는 사람이었습니다.

고넬료의 가정은

첫째는 하나님을 경외하였습니다.

둘째는 사람들을 구제하였습니다.

고넬료의 하나님을 경외하는 기도와 사람을 섬기는 구제가 하나님에게 기억한 바 되었다고 합니다.

우리의 가정은 이제 하나님의 축복이 대대로 자자손손 흘러 내릴 뿐 아니라 이웃에게로 흘러가는 복의 통로가 되어야 합니다.

하나님을 경외함이 이웃을 섬김으로 성장해야 합니다.

그렇게 되면 하나님의 기억 한 바 되는 가정이 되어 복을 누릴 뿐 아니라 복을 끼치고 나누어 주는 가정이 될 것입니다.

4. 노래로 화답하는 가정

엡 5: 19, 시와 찬미와 신령한 노래들로 서로 화답하며 너희의 마음으로 주께 노래하며 찬송하며
20, 범사에 우리 주 예수 그리스도의 이름으로 항상 아버지 하나님께 감사하며
21, 그리스도를 경외함으로 피차 복종하라

우리의 가정은 이제 시와 찬미와 신령한 노래로 화답하는 가정이 되어야 합니다. 불평과 짜증과 원망이 오고 가는 가정이 되어서는 안됩니다.

언제나 덕스럽고 격려하는 말과 기쁘고 감격한 노래와 축복의 언어가 오고 가는 그야말로 찬미로 충만하고 감사로 충만하고 서로 격려하고 축복하는 언어가 충만한 가정을 이루어 하나님께 영광을 돌리고 자신들에게는 기쁨이, 이웃들에게는 축복과 덕이 되는 가정을 이루어 야 합니다.

우리는 이렇게 살게 되어 있고 또 이렇게 살 수 있습니다.

천국 가정을 누립시다.

부부 칭찬과 부탁하기

나의 사랑, 당신은 이런 점이 참 훌륭하고 존경스러워요.

1)

2)

3)

4)

5)

6)

7)

한 두 가지 부탁 할께요.

   1)

   2)

   3)

리 더 십 스 쿨

리더십스쿨은 지금까지 양육해온 신자를
셀 교회 리더로 훈련하는 과정입니다.
훈련 내용은 "행복한 교회 성장의 열쇠/
코이노니아, 미션, 멀티플리케이션"이라는
책에 기록되어 있습니다.
학교를 열어서 교육시키는 과정입니다.

성령무장 수양회

성령무장 수양회는 리더십스쿨까지 전체 양육과정을 끝낸 사람을 다시 한 번 성령의 각양 은사로 무장하는데 그 목적을 두고 있습니다.

특히 각양 은사 사용의 원리를 배우고 또 은사를 받고 체험하도록 이끌어 주고 치유사역을 할 수 있는 믿음과 실습도 포함되어야 합니다.

성령 무장 수양회 일정과 매뉴얼

	목	금	토
새벽		조별 묵상	조별 묵상
오전		찬양예배 제2강/성령의 은사	제5강/성령의 성품과 열매 파송 예배
오후		제3강/은사사용의 원리 조별 기도(은사간구)	
저녁	개강/찬양예배 제1강/예수님의 성령사역 기도회	제4강/성령과 치유사역 치유사역 실습(조별)	

첫째 날

오후 6시 등록과 더불어 저녁 식사

7시30분/ 개강 예배: 찬양으로 예배를 드린다

8시00분/ 제1강의: 예수님의 성령사역을 강의한다

9시30분/ 기도회: 성령사역자가 되기를 위하여 성령 충만함을 구하여 기도하도록 한다. 개인기도 조별 기도 등

둘째 날

06시00분/ 조별묵상: 조별로 모여서 말씀 묵상을 하고 나눈다.

07시30분/ 아침식사

09시00분/ 찬양예배

09시30분/ 제2강의: 성령의 은사를 강의한다

11시30분/ 기도: 은사를 구하며 통성으로 열심히 기도하도록 한다

12시00분/ 점심식사

오후1시30분/ 제3강의: 은사 사용의 원리를 강의 한다

3시30분/ 조별 기도회: 방언 받도록 조에서 합심으로 기도한다. 다른 은사도 받도록 기도하게 한다.

6시00분/ 저녁식사

7시30분/ 제4강의: 성령과 치유사역을 강의한다

9시00분/ 치유기도실습: 조별로 조교가 인도하되 한 번에 한 사람 환자를 위하여 합심기도하고 대표 명령기도를 돌아가며 지명하여 행한다.

셋째 날

06시00분/ 조별 묵상: 조별로 모여서 말씀을 묵상하고 나눈다

07시30분/ 아침식사

09시00분/ 제5강의: 성령의 성품과 열매를 강의한다.

10시30분/ 파송 예배

제1강
예수님의 능력사역

1. 예수님의 사역들

> 마 9:35, 예수께서 모든 성과 촌에 두루 다니사 저희 회당에서 가르치시며 천국 복음을 전파하시며 모든 병과 모든 약한 것을 고치시니라
> 36, 무리를 보시고 민망히 여기시니 이는 저희가 목자 없는 양과 같이 고생하며 유리함이라
> 37, 이에 제자들에게 이르시되 추수할 것은 많되 일꾼은 적으니
> 38, 그러므로 추수하는 주인에게 청하여 추수할 일꾼들을 보내어 주소서 하라 하시니라
> 마 10:1, 예수께서 그 열두 제자를 부르사 더러운 귀신을 쫓아내며 모든 병과 모든 약한 것을 고치는 권능을 주시니라

예수님의 사역을 다섯 가지로 요약할 수 있습니다.

첫째는 가르치는 사역이요.

둘째는 복음을 전파하는 사역이요.

셋째는 치유 사역이며

넷째는 제자훈련 사역이고 여기에 더하여 기도사역을 하셨습니다.

예수님의 5대 사역이 우리와 교회가 행하여야 하는 기본적인 사역의 범주라고 깨닫습니다.

2. 예수님의 사역의 동기

- 막 6:34, 예수께서 나오사 큰 무리를 보시고 그 목자 없는 양 같음을 인하여 불쌍히 여기사 이에 여러 가지로 가르치시더라
- 마 14:14, 예수께서 나오사 큰 무리를 보시고 불쌍히 여기사 그 중에 있는 병인을 고쳐 주시니라
- 마 15:32, 예수께서 제자들을 불러 가라사대 내가 무리를 불쌍히 여기노라 저희가 나와 함께 있은 지 이미 사흘이매 먹을 것이 없도다 길에서 기진할까 하여 굶겨 보내지 못하겠노라

예수님의 사역의 동기를 살펴보는 것은 우리의 사역의 동기를 만드는 중요한 요소가 될 것입니다.

예수님의 사역의 동기는 사랑, 불쌍히 여기는 마음입니다.

컴패션이 예수님의 사역의 동기요 바탕이었습니다.

우리도 숫자를 늘리기 위한 것이 아니라 인생을 불쌍히 여기는 사랑

에사역의 근거를 두어야 합니다.

예수님은 방황하는 무리를 불쌍히 보시고 진리와 길을 가르치시고, 병든 인생을 보시고 불쌍히 여기셔서 고치시고, 굶주린 인생을 보시고 불쌍히 여기셔서 먹이셨습니다.

인생들을 볼 때에 길을 잃고 방황하는 모습, 병든 모습, 굶주린 모습을 보며 영육간 먹이고 치유하고 가르치는 사역을 해야 할 것입니다.

3. 예수님의 능력 사역의 모습

> 막 1:21, 저희가 가버나움에 들어가니라 예수께서 곧 안식일에 회당에 들어가 가르치시매
> 22, 뭇 사람이 그의 교훈에 놀라니 이는 그 가르치시는 것이 권세 있는 자와 같고 서기관들과 같지 아니함일러라
> 23, 마침 저희 회당에 더러운 귀신들린 사람이 있어 소리질러 가로되
> 24, 나사렛 예수여 우리가 당신과 무슨 상관이 있나이까 우리를 멸하러 왔나이까 나는 당신이 누구인 줄 아노니 하나님의 거룩한 자니이다
> 25, 예수께서 꾸짖어 가라사대 잠잠하고 그 사람에게서 나오라 하시니
> 26, 더러운 귀신이 그 사람으로 경련을 일으키게 하고 큰 소리를 지르며 나오는지라
> 27, 다 놀라 서로 물어 가로되 이는 어찜이뇨 권세 있는 새 교훈이로다 더러운 귀신들을 명한즉 순종하는도다 하더라

예수님의 사역이 어떤 모습의 능력사역으로 나타납니까?

예수님의 사역은 당시의 서기관이나 율법사와 달랐습니다.

서기관이나 율법사는 당시에 하나님의 말씀을 가르치는 선생들이었습니다. 그들은 하나님의 말씀을 단순한 이론과 교리로 가르쳤습니다.

그러나 예수님에게는 다른 게 있습니다.

예수님의 가르침에는 권세와 능력이 있습니다.

예수님의 가르침에는 변화가 일어나고 귀신은 쫓겨나고 병든 자들이 고침을 받습니다.

오늘 우리의 사역에도 권세와 능력이 있는 사역이 되어야 합니다.

말씀의 권세와 능력, 성령의 능력, 치유의 능력이 있어야 합니다.

4. 예수님의 능력사역의 근원

눅 4:14, 예수께서 성령의 권능으로 갈릴리에 돌아가시니 그 소문이 사방에 퍼졌고

15, 친히 그 여러 회당에서 가르치시매 뭇 사람에게 칭송을 받으시더라

16, 예수께서 그 자라나신 곳 나사렛에 이르사 안식일에 자기 규례대로 회당에 들어가사 성경을 읽으려고 서시매

17, 선지자 이사야의 글을 드리거늘 책을 펴서 이렇게 기록한 데를 찾으시니 곧

18, 주의 성령이 내게 임하셨으니 이는 가난한 자에게 복음을 전하게 하시려고 내게 기름을 부으시고 나를 보내사 포로된 자에게 자유를, 눈먼 자에게 다시 보게 함을 전파하며 눌린 자를 자유케 하고

19, 주의 은혜의 해를 전파하게 하려 하심이라 하였더라

예수님의 능력 사역의 근원이 무엇입니까?

예수님은 어떻게 능력으로 사역하게 되었습니까?

예수님의 능력사역의 근원이 무엇입니까?

우리는 쉽게 예수님은 하나님이니까 권세와 능력으로 사역할 수 있었던 것이라고 생각합니다. 그러나 예수님이 하나님이지만 인간의 몸을 입고 이 땅에 와서 사시는 동안은 인간의 한계 속에 사셨습니다.

먹지 않으면 배 고프고, 잠을 자지 않으면 졸리고, 과로하면 피곤하셨습니다.

우리와 똑 같은 인간이지만 능력 사역을 한 것입니다.

예수님의 능력 사역은 성령 사역이었습니다.

성령의 권능으로 충만하여서 성령으로 사역하였다는 것입니다.

금식기도 후 성령의 권능으로 갈릴리로 가셨습니다.

성령의 권능을 받아 가지고 일하셨다는 것입니다.

성령의 기름 부으심으로 이루어진 능력 사역이었습니다.

예수님의 능력은 하나님이었기 때문이 아니라 인간이었지만 성령 충만해서 성령의 능력이었다는 것입니다.

5. 예수님의 성령 사역의 비결

막 9:28, 집에 들어가시매 제자들이 종용히 묻자오되 우리는 어찌하여 능히 그 귀신을 쫓아내지 못하였나이까

29, 이르시되 기도 외에 다른 것으로는 이런 유가 나갈 수 없느니라 하시니라

예수님이 성령으로 능력사역을 하게 되는 비결은 무엇입니까?

예수님이 성령 충만하여 성령 사역으로 능력 있게 사역했다면 어떻게 예수님은 성령 충만하고 성령의 권능을 힘 입었을까요?

예수님이 베드로와 야고보, 요한을 데리고 변화 산에 오르셨을 때 산 아래에서는 나머지 아홉 명의 제자들이 귀신들려 간질 하는 자를 고치려고 애를 썼으나 고치지 못하였는데 예수님께서 고치셨습니다.

제자들이 주님께 물었습니다.

"우리는 왜 못 고치나요?"

예수님의 대답은 의외였습니다.

"나는 하나님이니까 고치지"라고 대답한 것이 아닙니다.

"기도 외에는 이런 류가 나갈 수 없다"고 하였습니다.

기도의 차이라는 것입니다.

제자들은 예수님만큼 기도하지 않기 때문이라는 것입니다.

예수님의 능력 사역은 성령 사역이었고 성령 사역은 기도 가운데 이루어진다는 것입니다.

6. 예수님의 기도생활

마 14:22, 예수께서 즉시 제자들을 재촉하사 자기가 무리를 보내는 동안

에 배를 타고 앞서 건너편으로 가게 하시고

23, 무리를 보내신 후에 기도하러 따로 산에 올라가시다 저물매 거기 혼자 계시더니

막 1:35, 새벽 오히려 미명에 예수께서 일어나 나가 한적한 곳으로 가사 거기서 기도하시더니

36, 시몬과 및 그와 함께 있는 자들이 예수의 뒤를 따라가

37, 만나서 가로되 모든 사람이 주를 찾나이다

38, 이르시되 우리가 다른 가까운 마을들로 가자 거기서도 전도하리니 내가 이를 위하여 왔노라 하시고

막 6:46, 무리를 작별하신 후에 기도하러 산으로 가시다

눅 6:12, 이 때에 예수께서 기도하시러 산으로 가사 밤이 맞도록 하나님께 기도하시고

눅 11:1, 예수께서 한 곳에서 기도하시고 마치시매 제자 중 하나가 여짜오되 주여 요한이 자기 제자들에게 기도를 가르친 것과 같이 우리에게도 가르쳐 주옵소서

눅 22:39, 예수께서 나가사 습관을 좇아 감람 산에 가시매 제자들도 좇았더니

예수님은 어떻게 기도생활을 하셨습니까?

  그러면 예수님은 얼마나 기도생활에 힘쓰셨는지를 살펴보아야 하겠지요? 예수님은 어느 정도 기도생활에 힘썼습니까?

  예수님의 기도생활을 종합하여 보면 다음과 같이 정리됩니다.

  첫째, 예수님께서는 새벽 미명에 즉 이른 아침에 기도하셨습니다.

하루 일과를 시작하기 전에 하나님께 기도하는 생활을 하셨다는 것입니다.

둘째, 예수님께서는 저녁에 기도하셨습니다.

하루 일과를 마치면 곧 바로 기도하러 한적한 곳으로 가서서 기도하셨습니다.

우리는 보통 아침이나 새벽에 기도하는 일은 조금 습관화 되어 있습니다.

그러나 저녁에 기도하는 일이 좀처럼 어렵습니다.

우리는 사역을 시작하기 전에 열심히 기도하지만 마치고 나서는 기도하지 않는 경향을 가지고 있습니다.

예수님은 하루의 사역을 마치고 저녁에 기도하신 것을 보게 됩니다.

셋째, 아침 저녁 기도는 습관적으로 규칙적으로 한 것으로 보입니다. 습관을 따라 감람 산으로 갔다는 이야기는 예수님이 습관적으로 감람 산에 가서 기도하셨다는 것을 말해줍니다.

넷째, 특별한 경우는 금식기도(본격적 사역의 시작에 앞서 하심) 철야 기도(제자 선택 전에 하심)도 하셨습니다.

7. 예수님의 사역의 특징

요 5:19, 그러므로 예수께서 저희에게 이르시되 내가 진실로 진실로 너희에게 이르노니 아들이 아버지의 하시는 일을 보지 않고는 아무것도 스

스로 할 수 없나니 아버지께서 행하시는 그것을 아들도 그와 같이 행하
느니라
20, 아버지께서 아들을 사랑하사 자기의 행하시는 것을 다 아들에게 보이
시고 또 그보다 더 큰 일을 보이사 너희로 기이히 여기게 하시리라
요 5:30, 내가 아무것도 스스로 할 수 없노라 듣는 대로 심판하노니 나는
나의 원대로 하려 하지 않고 나를 보내신 이의 원대로 하려는 고로 내
심판은 의로우니라

예수님의 성령사역의 특징을 말해 보십시오

예수님의 성령 사역의 특징을 보면 철저하게 성령 안에서 행하여 성령께서 가르치시고 말씀 하시는 바를 따라 사역하셨습니다.

나타나는 것만 능력으로 나타난 것이 아니라 사역 전반이 성령의 디렉션을 따라 성령이 가르치는 대로 성령이 말씀 하시는 대로 순종하여 행하셨습니다.

8. 우리의 능력사역의 근거

요 14:12, 내가 진실로 진실로 너희에게 이르노니 나를 믿는 자는 나의 하는 일을 저도 할 것이요 또한 이보다 큰 것도 하리니 이는 내가 아버지께로 감이니라
13, 너희가 내 이름으로 무엇을 구하든지 내가 시행하리니 이는 아버지로 하여금 아들을 인하여 영광을 얻으시게 하려 함이라
14, 내 이름으로 무엇이든지 내게 구하면 내가 시행하리라

우리도 능력으로 사역할 수 있는 근거가 무엇입니까?

우리도 능력 사역을 할 수 있을까요?

그렇습니다.

예수님께서는 우리도 능력으로 사역할 것이며 예수님보다도 더 능력 있게 사역 할 수 있다고 말씀 하셨습니다.

그 근거는 성령사역입니다.

우리도 성령으로 사역하게 된다는 것입니다.

예수님이 승천하시고 성령을 보내시기 때문에 더 크게 더 능력 있게 사역할 수 있다는 것이니 우리도 기도하여 성령 받고 성령사역 하면 예수님처럼 능력으로 사역하게 된다는 것입니다.

제2강
성령의 은사

1. 기본적인 성령의 은혜

고전 12:1, 형제들아 신령한 것에 대하여는 내가 너희의 알지 못하기를 원치 아니하노니
2, 너희도 알거니와 너희가 이방인으로 있을 때에 말 못하는 우상에게로 끄는 그대로 끌려 갔느니라
3, 그러므로 내가 너희에게 알게 하노니 하나님의 영으로 말하는 자는 누구든지 예수를 저주할 자라 하지 않고 또 성령으로 아니하고는 누구든지 예수를 주시라 할 수 없느니라

성령의 기본적인 은혜는 어떤 것이라 합니까?
성령의 은사를 이야기 하기 전에 성령의 보편적인 은혜를 말하고 있습니다. 예수님을 구주로 시인하고 믿게 하는 것이 이미 성령의 역사입니다. 구원 받고 거듭나는 은혜가 이미 성령의 은혜입니다.

우리는 이 은혜로 구원 받고 거듭난 것입니다.

그러나 성령의 은사는 사역의 능력을 위하여 특별히 부어주시는 은사입니다. 그것이 성령이 주시는 은사와 직임과 역사입니다.

2. 은사, 직임, 역사

고전 12:4, 은사는 여러 가지나 성령은 같고
5, 직임은 여러 가지나 주는 같으며
6, 또 역사는 여러 가지나 모든 것을 모든 사람 가운데서 역사하시는 하나
　　님은 같으니
7, 각 사람에게 성령의 나타남을 주심은 유익하게 하려 하심이라

은사와 직임과 역사는 무엇을 의미합니까?

성령의 은사와 직임과 역사를 말씀하고 있는데 이는 무엇을 의미할까요?

모두 성령을 통하여 주시는 은혜요 능력이지만 약간의 차이가 있다고 봅니다.

은사란 일반적으로 복음 사역, 교회의 사역을 위하여 지체들에게 주시는 하나님의 성령의 특별한 능력을 말합니다.

직임이란 이 은사를 통하여 특별한 분야에서 사역을 하도록 주시는 능력입니다.

물론 은사 없이 그 같은 직임을 받지는 않지만 은사는 보다 보편적이고 직임은 더욱 한정된 그러나 특화된 개념입니다.

역사란 이에 비하여 더 보편적으로 하나님의 성령이 자유롭게 어떤 사역 가운데 역사하시는 것입니다.

예를 들어 신유의 은사를 들어 설명하면 이렇습니다.

신유의 은사란 성도가 기도하면 성령의 능력으로 병을 고치도록 주신 능력입니다.

신유의 은사를 받은 자는 병 고침의 역사를 일상적으로 행합니다.

신유의 직임이라면 신유가 그 사람의 사역의 특화분야가 되어 그는 신유의 은사를 사용하는 직책을 통하여 하나님의 교회에 봉사합니다. 은사는 다른 사역 즉 말씀 사역을 하는 자도 받지만 신유의 직분은 신유가 주 사역이 됩니다.

신유의 역사란 다만 어떤 사람에게 신유의 은사나 직임이 주어졌느냐와 상관없이 하나님이 신유로 역사 하시는 것입니다.

저의 경우에는 설교하는 동안 병 고침을 받았다는 간증을 자주 듣습니다. 이 경우는 내가 신유의 은사나 직임을 받아서가 아니라 하나님이 나의 말씀 사역 가운데 신유로 역사하신 것입니다.

그래서 성령의 은사라 부르고 직임은 주가 주셨다 하고 역사는 하나님이 하셨다 라고 표현할 수 있습니다.

3. 성령의 나타남의 은사

고전 12:8, 어떤이에게는 성령으로 말미암아 지혜의 말씀을, 어떤이에게는 같은 성령을 따라 지식의 말씀을

9, 다른이에게는 같은 성령으로 믿음을, 어떤이에게는 한 성령으로 병 고치는 은사를,

10, 어떤이에게는 능력 행함을, 어떤이에게는 예언함을, 어떤이에게는 영들 분멸함을, 다른이에게는 각종 방언 말함을, 어떤이에게는 방언들 통역함을 주시나니

11, 이 모든 일은 같은 한 성령이 행하사 그 뜻대로 각 사람에게 나눠 주시느니라

성령의 은사는 어떤 것들이 있습니까?

성령의 은사는 하나님 나라의 사역을 위하여 주시는 능력으로 이를 성도를 통하여 성령의 나타남이라고 부릅니다.

성령께서 한 지체를 통하여 임하고 나타나고 역사하는 은사입니다. 여기에는 아홉 가지가 언급 되고 있습니다.

은사는 아홉 가지뿐이라고 말할 수는 없습니다.

얼마든지 다양한 은사가 있을 수 있습니다.

왜냐하면 하나님은 무한정한 분이시기 때문이지요.

그러나 일반적으로 우리에게 주시는 은사는 아홉 가지 중 하나이거나 여러 은사의 총합이기도 합니다.

이제 아홉 가지 은사가 어떤 것인지 알아 봅니다.

1) 지식의 말씀의 은사

지식의 말씀이란 내가 학습하지 않은 것을 알게 하며 말하게 하시는 은사입니다. 예를 들면 전도 현장에서 상대의 회개해야 할 죄의 현장과 일시를 알게 하여 지적하므로 회개케 하는 역사라든지 과학자가 기도하여 기계의 고장난 원인을 알게 된다든지 하여튼 학습하지 아니한 것을 성령이 알게 하시는 은사입니다.

2) 지혜의 말씀의 은사

상황과 경우에 최적 최선의 처리방법을 알려 주시는 성령의 은사입니다. 상담에서나 가르침에서 순간순간 최적의 것을 알려 주시는 성령님의 은사입니다.

3) 믿음의 은사

사람이 생각하고 믿는 정도가 아닌 하나님이 마음에 심어 주고 확증하여 주는 믿음을 말합니다. 인간적으로는 불가능한 것을 믿게 하는 은사입니다. 계산에 의한 일이 아니고 하나님 수준의 큰 일을 이루려면 믿음의 은사가 있어야 합니다.

4) 병 고치는 은사

사람의 의술이 아닌 성령의 능력으로 병을 고치는 능력입니다.

5) 능력 행함의 은사

병 고치는 것만이 아니라 각종 기적을 행하는 능력입니다.

6) 예언함의 은사

예언이란 하나님이 주시는 말씀입니다. 성령으로 말미암아 하나님의 말씀이 임하는 것을 말합니다. 점치는 것처럼 사용하는 것이 아니고 하나님께서 주셔서 말하는 것입니다.

7) 영들 분별함의 은사

우리가 행하는 예언이나 지식들이 가끔은 방해를 받거나 마귀의 속임수에서 오거나 자기의 잠재의식에서 오는 수가 있습니다.

영 분별의 은사란 이러한 예언이나 지식이 성령께로 오는 것인지 마귀로부터 온 것인지 자기에게서 온 것인지를 분별해 내는 능력입니다.

8) 방언 말함의 은사

방언은 내가 습득하지 아니한 언어로 말하는 것이나 기도하는 것입니다. 뒷부분에 방언에 대한 자세한 내용이 있습니다.

9) 방언들 통역함의 은사

방언 통역이란 방언을 듣고 그것이 무슨 의미인지 영으로 알아서 내용을 통역하는 능력입니다.

　방언 통역은 영어를 한국어로 통역하듯이 하기 보다는 영통으로 방언의 내용을 성령으로 알아차리는 것입니다.

　중요한 것은 이러한 은사들이 성령으로 주어지며 유익을 위하여 하나님 나라 확장과 복음 전파와 교회성장에 유익하도록 주신다는 것입니다.

4. 은사와 몸의 원리 고전12:12-27

　　고전 12:12, 몸은 하나인데 많은 지체가 있고 몸의 지체가 많으나 한 몸임과 같이 그리스도도 그러하니라
　　13, 우리가 유대인이나 헬라인이나 종이나 자유자나 다 한 성령으로 세례를 받아 한 몸이 되었고 또 다 한 성령을 마시게 하셨느니라
　　14, 몸은 한 지체뿐 아니요 여럿이니
　　15, 만일 발이 이르되 나는 손이 아니니 몸에 붙지 아니하였다 할지라도 이로 인하여 몸에 붙지 아니한 것이 아니요
　　16, 또 귀가 이르되 나는 눈이 아니니 몸에 붙지 아니하였다 할지라도 이로 인하여 몸에 붙지 아니한 것이 아니니
　　17, 만일 온 몸이 눈이면 듣는 곳은 어디며 온 몸이 듣는 곳이면 냄새 맡는 곳은 어디뇨
　　18, 그러나 이제 하나님이 그 원하시는대로 지체를 각각 몸에 두셨으니
　　19, 만일 다 한 지체 뿐이면 몸은 어디뇨
　　20, 이제 지체는 많으나 몸은 하나라
　　21, 눈이 손더러 내가 너를 쓸데 없다 하거나 또한 머리가 발더러 내가 너

를 쓸데 없다 하거나 하지 못하리라

22, 이뿐 아니라 몸의 더 약하게 보이는 지체가 도리어 요긴하고

23, 우리가 몸의 덜 귀히 여기는 그것들을 더욱 귀한 것들로 입혀 주며 우리의 아름답지 못한 지체는 더욱 아름다운 것을 얻고

24, 우리의 아름다운 지체는 요구할 것이 없으니 오직 하나님이 몸을 고르게 하여 부족한 지체에게 존귀를 더하사

25, 몸 가운데서 분쟁이 없고 오직 여러 지체가 서로 같이하여 돌아보게 하셨으니

26, 만일 한 지체가 고통을 받으면 모든 지체도 함께 고통을 받고 한 지체가 영광을 얻으면 모든 지체도 함께 즐거워하나니

27, 너희는 그리스도의 몸이요 지체의 각 부분이라

성령의 은사는 무엇을 위한 것이며 어떻게 사용되어야 합니까?

이 부분에서는 은사 사용의 원리를 살펴보겠습니다.

은사는 무엇보다도 몸 된 교회를 위하여 주시는 것이고 몸 된 교회를 위하여 조화 있게 사용되어야 합니다.

종종 은사가 많이 부어질 때 은사로 말미암은 부작용이 있었던 경험 때문에 많은 교회 지도자들이 은사를 부정하거나 배타 하거나 소극적으로 생각하는 경향이 있어 왔습니다. 그래서 은사를 이해하고 은사를 잘 사용할 필요가 있습니다. 무엇보다도 은사는 교회 공동체를 위하여 주시는 것이므로 교회 공동체의 유익을 위하여 사용되어야 합니다.

그리고 몸의 지체로서 겸손히 몸 전체의 유익을 위하여 사용하는 것

이 은사입니다. 은사를 개인적인 이익을 위하여 사용하는 일은 없어야 합니다. 그리고 공동체를 해치는 방향으로 사용되어서도 안됩니다. 신학적으로도 은사론은 성령론에서 다루는 것이 아니고 교회론에서 다루게 됩니다. 왜냐하면 은사는 교회를 위한 것이기 때문입니다. 그리고 지체의식으로 사용해야 합니다.

어떤 은사도 그 하나의 은사로 교회가 완성되지 않고 지체로서 겸손과 화평으로 하나되어야 은사의 가치도 살아나기 때문입니다. 작은 지체도 소중히 여기고 서로 세워주는 일과 서로 사랑하는 일을 위하여 은사를 사용해야 합니다.

5. 성령의 직임

고전 12:28, 하나님이 교회 중에 몇을 세우셨으니 첫째는 사도요 둘째는 선지자요 셋째는 교사요 그 다음은 능력이요 그 다음은 병 고치는 은사와 서로 돕는 것과 다스리는 것과 각종 방언을 하는 것이라
29, 다 사도겠느냐 다 선지자겠느냐 다 교사겠느냐 다 능력을 행하는 자겠느냐
30, 다 병 고치는 은사를 가진 자겠느냐 다 방언을 말하는 자겠느냐 다 통역하는 자겠느냐

고전12: 28-31, 성령의 직임은 어떤 것들이 있고 은사와 직임은 어떤 차이가 있습니까?

이 부분의 말씀은 성령의 직임을 설명합니다.

교회 중에 몇을 세우셨으니 라고 말한 것은 직임을 말합니다.

교회에서 특별히 은사를 따라 사역하도록 세우시는 직임을 말하며 이 직임은 은사에 비하여 좁은 특화된 사역 분야로서 교회에서 은사를 사용하여 사역하는 직임들이 언급 됩니다.

1) 사도직임

사도란 원래 예수님이 특별히 선택한 최초의 12 제자를 부르는데 사용되었습니다.

> 눅 6:13, 밝으매 그 제자들을 부르사 그 중에서 열둘을 택하여 사도라 칭하셨으니

그리고 사도들과 동일한 권위와 수준에서 교회의 초석을 놓고 교회를 지도하던 바울과 바나바가 사도로 불리게 됩니다.

> 행 13:43, 폐회한 후에 유대인과 유대교에 입교한 경건한 사람들이 많이 바울과 바나바를 좇으니 두 사도가 더불어 말하고 항상 하나님의 은혜 가운데 있으라 권하니라

바울 사도는 여기서와 에베소서 4장에서 하나님이 교회에 세우시는 직임으로서 사도와 선지자 등을 언급함으로써 예수님의 최초의 열두 제

자 외에 사도적 직임을 세우시는 것으로 말하고 있습니다.

엡 4:11, 그가 혹은 사도로, 혹은 선지자로, 혹은 복음 전하는 자로, 혹은 목사와 교사로 주셨으니

사도적 직임은 교회의 터를 견고히 하고 세계적인 교회의 비전을 세우는 직임이라고 보여집니다.

2) 선지자 직임

선지자란 말은 구약에서 하나님의 말씀을 받아서 선포하는 사람들을 지칭하는 말이었습니다.

구약시대에는 하나님께서 선지자들에게 말씀 하시고 선지자들은 백성에게 말하여 하나님의 말씀을 전하였습니다.

신약에도 선지자라 부르는 사람들이 있었습니다.

신약에서 선지자는 예언의 은사를 가지고 교회를 권면하고 교회에 하나님의 말씀을 선포하는 직임을 말하는 것으로 보입니다.

행 11:27, 그 때에 선지자들이 예루살렘에서 안디옥에 이르니
행 13:1, 안디옥 교회에 선지자들과 교사들이 있으니 곧 바나바와 니게르라 하는 시므온과 구레네 사람 루기오와 분봉왕 헤롯의 젖동생 마나엔과 및 사울이라
행 15:32, 유다와 실라도 선지자라 여러 말로 형제를 권면하여 굳게 하고

행 21:10, 여러 날 있더니 한 선지자 아가보라 하는 이가 유대로부터 내려와

3) 교사 직임

교사란 가르치는 사람을 의미하며 가르치는 은사를 가지고 가르치는 사역을 맡아 하게 되는 직임을 의미합니다.

안디옥 교회에 선지자들과 교사들이 있었다고 합니다. 그리고 바울 서신에는 가르치는 자들을 배나 존경하라고 합니다.

성령께서 가르치는 은사를 주셔서 자연스럽게 교회에서 성경 말씀을 가르치는 직임을 갖게 된 것입니다.

딤전 5:17, 잘 다스리는 장로들을 배나 존경할 자로 알되 말씀과 가르침에 수고하는 이들을 더할 것이니라

4) 능력 직임

사도들이나 전도자들에게서 능력이 행사되고 나타났다는 기록은 많으나 능력의 직임이 어떻게 세워졌는지의 기록은 없습니다.

능력의 은사가 있어 능력사역을 행하는 사역자들이 있었을 것으로 생각됩니다.

5) 병 고치는 직임

병 고치는 은사를 강하게 하여 병 고치는 사역을 가지고 전적으로 하

나님의 교회를 섬기고 복음 전도를 실행하도록 세운 직임입니다.

6) 서로 돕는 직임

구제의 은사나 긍휼의 은사로 서로 돕는 일을 하며 돕는 일을 운동으로 일으키는 사역으로 보입니다.

7) 다스리는 직임

다스림의 은사를 가지고 교회를 잘 다스리고 운영하고 이끌어가는 리더십이 세워진 것으로 보입니다.

잘 다스리는 장로라는딤전5:17 말로 보아 그러한 리더십이 주어지고 형성되고 사용된 것으로 봅니다.

8) 방언하는 직임

여기서 방언의 직임은 교회 예배에서 하나님의 영감으로 방언하게 되는 것을 말합니다.

개인적인 방언 기도 은사가 아니라 회중을 향하여 방언하게 되고 통역하여 회중에게 말씀 하시는 방언을 하는 사람을 말합니다

초대교회 예배에는 찬송도 있고 가르치는 말씀(가르치는 직임)도 있고 계시(선지자의 예언)도 있고 방언도 있고 통역도 있었다고 합니다.

이때의 방언을 말하는 자를 의미합니다.

고전 14:26, 그런즉 형제들아 어찌할꼬 너희가 모일 때에 각각 찬송시도 있으며 가르치는 말씀도 있으며 계시도 있으며 방언도 있으며 통역함도 있나니 모든 것을 덕을 세우기 위하여 하라

9) 통역하는 직임

위에서 말한 방언을 통역하는 직임입니다.

그런데 이들 직임에 있어서는 모든 사람이 이 직임을 받을 수는 없다는 것입니다.

은사는 누구라도 모든 사람이 받을 수가 있어도 직임은 한정된 사람이 받게 되는 것이지요.

제3강
은사 사용의 원리

6. 은사와 사랑 12:31-13:3

고전 12:31, 너희는 더욱 큰 은사를 사모하라 내가 또한 제일 좋은 길을 너희에게 보이리라

고전 13:1, 내가 사람의 방언과 천사의 말을 할지라도 사랑이 없으면 소리 나는 구리와 울리는 꽹과리가 되고

2, 내가 예언하는 능이 있어 모든 비밀과 모든 지식을 알고 또 산을 옮길 만한 모든 믿음이 있을지라도 사랑이 없으면 내가 아무 것도 아니요

3, 내가 내게 있는 모든 것으로 구제하고 또 내 몸을 불사르게 내어줄지라도 사랑이 없으면 내게 아무 유익이 없느니라

사랑과 은사는 어떤 관계입니까?

더욱 큰 은사를 사모하라고 하였을 때 그것은 사랑의 은사를 사모하

라는 말로 해석하는 경우가 많은데 그렇지 않습니다.

더욱 큰 은사란 그냥 더욱 큰 은사를 사모하라는 것입니다.

그리고 직접적으로 연결 시킨다면 14장에 나오는 예언의 은사입니다. 13장의 사랑은 은사가 아니라 "제일 좋은 길"에 해당 됩니다.

제일 좋은 길이 사랑입니다.

사랑은 은사 중 하나가 아니라 은사를 구하고 사용하는 원리 즉 은사가 달려가는 길입니다.

아무리 좋은 은사, 큰 은사라도 사랑이라는 바탕에서 사용되어야 함을 가르치는 것입니다.

사랑이 은사를 대치하는 것으로 이해하면 안됩니다.

사랑하기에 은사가 필요하고 사랑하기에 은사를 사용해야 합니다. 은사만 있고 사랑이 없으면 잘못 사용될 수 있습니다.

사랑만 있고 은사 없으면 안타까운 사랑입니다.

우리는 은사를 받아야 하고 은사를 사용해야 합니다.

그런데 은사를 구하는 동기가 사랑이어야 하고 은사는 사랑을 위하여 사용되어야 합니다.

사랑은 은사를 사용하는 원리입니다.

7. 은사 사용의 원리/사랑의 속성

고전 13:4, 사랑은 오래 참고 사랑은 온유하며 투기하는 자가 되지 아니하

며 사랑은 자랑하지 아니하며 교만하지 아니하며

5, 무례히 행치 아니하며 자기의 유익을 구치 아니하며 성내지 아니하며 악한 것을 생각지 아니하며

6, 불의를 기뻐하지 아니하며 진리와 함께 기뻐하고

7, 모든 것을 참으며 모든 것을 믿으며 모든 것을 바라며 모든 것을 견디느니라

8, 사랑은 언제까지든지 떨어지지 아니하나 예언도 폐하고 방언도 그치고 지식도 폐하리라

9, 우리가 부분적으로 알고 부분적으로 예언하니

10, 온전한 것이 올 때에는 부분적으로 하던 것이 폐하리라

11, 내가 어렸을 때에는 말하는 것이 어린 아이와 같고 깨닫는 것이 어린 아이와 같고 생각하는 것이 어린 아이와 같다가 장성한 사람이 되어서는 어린 아이의 일을 버렸노라

12, 우리가 이제는 거울로 보는 것 같이 희미하나 그 때에는 얼굴과 얼굴을 대하여 볼 것이요 이제는 내가 부분적으로 아나 그 때에는 주께서 나를 아신 것 같이 내가 온전히 알리라

13, 그런즉 믿음, 소망, 사랑 이 세가지는 항상 있을 것인데 그 중에 제일은 사랑이라

고전13: 1-13, 은사 사용의 원리가 무엇입니까?

사랑은 어떤 모습을 합니까?

은사는 사랑을 위하여 사랑을 따라 사용 되어야 합니다.

은사는 능력인데 사랑이 아닌 방향에서 능력이 사용되면 오히려 해롭

습니다.

예를 들면 한 권사가 다른 사람의 영적 상태를 들여다 보는 은사가 있어서 어떤 장로님의 죄를 들여다 본다고 가정해 봅시다.

이 은사는 왜 주신 것입니까?

장로님의 죄를 들여다 보고 그 죄를 사람들에게 공표하고 떠들어 알리라고 주신 것입니까?

그렇게 했다면 큰 죄를 저지른 셈입니다.

사랑은 허다한 죄를 덮기 때문에 일단 공표하고 다니는 것은 은사를 잘못 사용하는 것이지요.

그러면 왜 보여 줍니까?

그 죄를 권사님이 담당하고 중보 기도하여 그 영혼이 죄에서 벗어나게 하라고 보여주시는 것입니다.

그러므로 그 권사님은 장로님의 죄를 지고 기도하며 사랑의 수고를 해야 합니다.

사랑은 오래 참습니다.

사랑은 온유합니다.

사랑은 자랑하지 아니합니다.

교만하지 아니합니다.

무례히 행하지 아니하며 자기의 유익을 구하지 아니하며 성내지 아니하며 악한 것을 생각지 아니합니다.

불의를 기뻐하지 아니하며 진리와 함께 기뻐합니다.

모든 것을 참으며 모든 것을 믿으며 모든 것을 바라며 모든 것을 견딥니다.

이러한 사랑으로 형제를 사랑하고 인생을 사랑하기에 은사를 사랑의 성취를 위하여 사용해야 합니다.

8. 방언과 예언

고전 14:1, 사랑을 따라 구하라 신령한 것을 사모하되 특별히 예언을 하려고 하라

2, 방언을 말하는 자는 사람에게 하지 아니하고 하나님께 하나니 이는 알아 듣는 자가 없고 그 영으로 비밀을 말함이니라

3, 그러나 예언하는 자는 사람에게 말하여 덕을 세우며 권면하며 안위하는 것이요

4, 방언을 말하는 자는 자기의 덕을 세우고 예언하는 자는 교회의 덕을 세우나니

5, 나는 너희가 다 방언 말하기를 원하나 특별히 예언하기를 원하노라 방언을 말하는 자가 만일 교회의 덕을 세우기 위하여 통역하지 아니하면 예언하는 자만 못하니라

6, 그런즉 형제들아 내가 너희에게 나아가서 방언을 말하고 계시나 지식이나 예언이나 가르치는 것이나 말하지 아니하면 너희에게 무엇이 유익하리요

7, 혹 저나 거문고와 같이 생명 없는 것이 소리를 낼 때에 그 음의 분별을

내지 아니하면 저 부는 것인지 거문고 타는 것인지 어찌 알게 되리요

8, 만일 나팔이 분명치 못한 소리를 내면 누가 전쟁을 예비하리요

9, 이와 같이 너희도 혀로서 알아 듣기 쉬운 말을 하지 아니하면 그 말하는 것을 어찌 알리요 이는 허공에다 말하는 것이요

10, 세상에 소리의 종류가 이같이 많되 뜻 없는 소리는 없나니

11, 그러므로 내가 그 소리의 뜻을 알지 못하면 내가 말하는 자에게 야만이 되고 말하는 자도 내게 야만이 되리니

12, 그러면 너희도 신령한 것을 사모하는 자인즉 교회의 덕 세우기를 위하여 풍성하기를 구하라

13, 그러므로 방언을 말하는 자는 통역하기를 기도할지니

14, 내가 만일 방언으로 기도하면 나의 영이 기도하거니와 나의 마음은 열매를 맺히지 못하리라

15, 그러면 어떻게 할꼬 내가 영으로 기도하고 또 마음으로 기도하며 내가 영으로 찬미하고 또 마음으로 찬미하리라

16, 그렇지 아니하면 네가 영으로 축복할 때에 무식한 처지에 있는 자가 네가 무슨 말을 하는지 알지 못하고 네 감사에 어찌 아멘 하리요

17, 너는 감사를 잘하였으나 그러나 다른 사람은 덕 세움을 받지 못하리라

18, 내가 너희 모든 사람보다 방언을 더 말하므로 하나님께 감사하노라

19, 그러나 교회에서 네가 남을 가르치기 위하여 깨달은 마음으로 다섯 마디 말을 하는 것이 일만 마디 방언으로 말하는 것보다 나으니라

20, 형제들아 지혜에는 아이가 되지 말고 악에는 어린 아이가 되라 지혜에 장성한 사람이 되라

21, 율법에 기록된바 주께서 가라사대 내가 다른 방언하는 자와 다른 입술로 이 백성에게 말할지라도 저희가 오히려 듣지 아니하리라 하였으니

22. 그러므로 방언은 믿는 자들을 위하지 않고 믿지 아니하는 자들을 위하는 표적이나 예언은 믿지 아니하는 자들을 위하지 않고 믿는 자들을 위함이니
23. 그러므로 온 교회가 함께 모여 다 방언으로 말하면 무식한 자들이나 믿지 아니하는 자들이 들어와서 너희를 미쳤다 하지 아니하겠느냐
24. 그러나 다 예언을 하면 믿지 아니하는 자들이나 무식한 자들이 들어와서 모든 사람에게 책망을 들으며 모든 사람에게 판단을 받고
25. 그 마음의 숨은 일이 드러나게 되므로 엎드리어 하나님께 경배하며 하나님이 참으로 너희 가운데 계시다 전파하리라

고전14:1-25, 교회 회중 가운데서의 방언과 예언 사용에 관하여는 어떤 지혜가 필요합니까?

방언은 어떤 것입니까?

예언은 교회 전체가 회개하거나 격려 받거나 지시 받거나 하여 교회의 덕을 세운다고 말합니다.

예언은 성령님이 회중에게 말씀 하시는 것을 전달 하는 것이기 때문입니다.

이에 비하여 방언은 좀 다릅니다.

이 부분은 예언의 중요성과 그 위대한 힘을 가르침과 동시에 방언에 대한 바른 이해를 돕고 있습니다.

예언은 그 미치는 영향력이 큽니다.

큰 만큼 신중하게 전달 되어야 합니다.

진지하고 확실해야 합니다.

방언에 대하여는 잘 정리가 되어 있는 편입니다.

방언은

첫째, 하나님께 하는 기도의 은사입니다.

기도의 은사로 사용할 때는 개인적입니다.

다른 사람에게 방언으로 하지 않고 하나님께 기도 드립니다.

둘째, 방언은 표적입니다.

믿는 자를 위하지 않고 믿지 못하는 자를 위한 표적으로 주어 집니다. 방언을 받는 자는 하나님이 자기에게 임하였다는 확신을 갖게 되고 하나님이 체험됩니다.

셋째, 방언은 통역을 대동하면 예언과 같은 기능을 합니다.

회중을 향하여 말씀 하시는 성령의 음성을 전하게 됩니다.

이 경우는 통역이 될 때만 사용됩니다.

9. 은사 사용의 원리/화평과 질서

고전 14:26, 그런즉 형제들아 어찌할꼬 너희가 모일 때에 각각 찬송시도 있으며 가르치는 말씀도 있으며 계시도 있으며 방언도 있으며 통역함도 있나니 모든 것을 덕을 세우기 위하여 하라

27, 만일 누가 방언으로 말하거든 두 사람이나 다불과 세 사람이 차서를 따라 하고 한 사람이 통역할 것이요

28, 만일 통역하는 자가 없거든 교회에서는 잠잠하고 자기와 및 하나님께

말할 것이요

29. 예언하는 자는 둘이나 셋이나 말하고 다른 이들은 분변할 것이요
30. 만일 곁에 앉은 다른 이에게 계시가 있거든 먼저 하던 자는 잠잠할지니라
31. 너희는 다 모든 사람으로 배우게 하고 모든 사람으로 권면을 받게 하기 위하여 하나씩 하나씩 예언할 수 있느니라
32. 예언하는 자들의 영이 예언하는 자들에게 제재를 받나니
33. 하나님은 어지러움의 하나님이 아니시요 오직 화평의 하나님이시니라
34. 모든 성도의 교회에서 함과 같이 여자는 교회에서 잠잠하라 저희의 말하는 것을 허락함이 없나니 율법에 이른 것 같이 오직 복종할 것이요
35. 만일 무엇을 배우려거든 집에서 자기 남편에게 물을지니 여자가 교회에서 말하는 것은 부끄러운 것임이라
36. 하나님의 말씀이 너희에게로부터 난 것이냐 또는 너희에게만 임한 것이냐
37. 만일 누구든지 자기를 선지자나 혹 신령한 자로 생각하거든 내가 너희에게 편지한 것이 주의 명령인 줄 알라
38. 만일 누구든지 알지 못하면 그는 알지 못한 자니라
39. 그런즉 내 형제들아 예언하기를 사모하며 방언 말하기를 금하지 말라
40. 모든 것을 적당하게 하고 질서대로 하라

고전14:26-33, 은사 사용의 또 다른 원리들은 무엇입니까?

이 부분에서는 은사들이 화평을 위하여 질서 있게 사용되어야 함을 가르칩니다.

가장 중요한 말씀은 하나님의 성령도 예언하는 자들의 제재를 받겠다고 하시는 말씀 입니다. "예언하는 자들의 영이 예언하는 자들에게 제재를 받나니고전 14:33, 하나님은 어지러움의 하나님이 아니시요 오직 화평의 하나님이시니라"

예언하는 자들은 자기 영의 통제를 할 수 있다는 것입니다.

성령께서 예언을 주신다고 해도 절제하면 안 할 수도 있고 할 수도 있다는 것입니다.

성령이 주시는 메시지가 있다고 해서 화평이 깨지든 말든 질서가 흩어지든 말든 예언 하라 하시는 것이 아니라 예언하는 자가, 또는 방언하고 통역하는 자가, 은사를 사용하는 자가 안 하기로 하면 멈추게 된다는 것입니다.

그러니 성령을 핑계 삼아 무례하게 무질서하게 화평이 깨질 만큼 행동하지 말라는 것입니다.

은사가 사용됨으로 교회가 하나되고 부흥하고 성장해야지 분열하고 깨져서는 안됩니다.

은사를 교만하게 사용하여 리더십의 지도도 무시되고 무질서해져서도 안 된다는 것입니다.

은사는 화평과 질서를 세워가면서 사랑으로 몸 된 교회를 유익하게 사용되어야 합니다.

은사 사용의 원리가 중요한데 종합하면

첫째, 몸의 원리 즉 교회공동체를 세우는 원리로 사용해야 하며

둘째, 사랑의 원리로 은사는 사랑을 위하여 사랑으로 사랑의 열매를 가져 오도록 사용해야 하고

셋째는 교회의 화평을 깨지 않고 화평하게 사용하며 질서 없이 하지 말고 질서 있게 사용되어야 한다는 것입니다.

제4강
성령과 치유사역

1. 치유의 하나님

1) 치료하시는 하나님

출 15:26, 가라사대 너희가 너희 하나님 나 여호와의 말을 청종하고 나의 보기에 의를 행하며 내 계명에 귀를 기울이며 내 모든 규례를 지키면 내가 애굽 사람에게 내린 모든 질병의 하나도 너희에게 내리지 아니하리니 나는 너희를 치료하는 여호와임이니라

하나님의 말씀대로 사는 자에게 주신 약속이 무엇이며 그 하나님의 이름은 무엇입니까?

하나님께서는 치유의 하나님 이십니다.

우리가 하나님의 말씀대로 살아가면 질병을 제하여 없이 하시므로 건강한 삶을 누리게 하시며 질병을 치유하시는 하나님이라고 스스로 선포하십니다.

치유의 하나님을 믿고 의지합시다.

2) 병을 담당하신 예수님

사 53:5, 그가 찔림은 우리의 허물을 인함이요 그가 상함은 우리의 죄악을 인함이라 그가 징계를 받음으로 우리가 평화를 누리고 그가 채찍에 맞음으로 우리가 나음을 입었도다

6, 우리는 다 양 같아서 그릇 행하며 각기 제 길로 갔거늘 여호와께서는 우리 무리의 죄악을 그에게 담당시키셨도다

마 8:17, 이는 선지자 이사야로 하신 말씀에 우리 연약한 것을 친히 담당하시고 병을 짊어지셨도다 함을 이루려 하심이더라

예수님이 우리의 질병을 어떻게 담당하셨습니까?

예수님께서도 치유의 구주이십니다.

예수님의 십자가는 우리의 죄를 담당하신 대속의 십자가 입니다.

예수님의 십자가는 동시에 죄값으로 우리에게 들어온 모든 질병을 담당하신 것입니다.

우리는 예수님의 십자가의 대속에 근거하여 치유를 주장할 수 있습니다. 주님께서 죄를 사하시며 병을 고치시는 것을 믿고 의지함으로 치유 사역을 합니다.

3) 치유의 기름을 부으시는 성령님

사 61:1, 주 여호와의 신이 내게 임하셨으니 이는 여호와께서 내게 기름을 부으사 가난한 자에게 아름다운 소식을 전하게 하려 하심이라 나를 보내사 마음이 상한 자를 고치며 포로된 자에게 자유를, 갇힌 자에게 놓임을 전파하며

눅 4:18, 주의 성령이 내게 임하셨으니 이는 가난한 자에게 복음을 전하게 하시려고 내게 기름을 부으시고 나를 보내사 포로된 자에게 자유를, 눈먼 자에게 다시 보게 함을 전파하며 눌린 자를 자유케 하고

19, 주의 은혜의 해를 전파하게 하려 하심이라 하였더라

성령님은 우리의 치유에 어떻게 관여하십니까?

성령님도 우리의 치유를 위하여 치유의 능력과 사역에 기름 부어 주십니다.

성령님이 기름 부으시므로 치유의 역사를 행하십니다. 그러고 보면 성부, 성자, 성령 하나님 삼위일체 하나님이 치유사역을 이룹니다.

그러므로 우리는 치유가 우리에게 주시는 하나님의 기본적인 은혜임을 확신해야 합니다.

이제 치유사역이 얼마나 본질적인 것인지 보겠습니다.

2. 예수님의 치유 사역

1) 치유사역은 예수님이 행하신 본질적 사역이었다

마 4:23, 예수께서 온 갈릴리에 두루 다니사 저희 회당에서 가르치시며 천

국 복음을 전파하시며 백성 중에 모든 병과 모든 약한 것을 고치시니
24, 그의 소문이 온 수리아에 퍼진지라 사람들이 모든 앓는 자 곧 각색 병과 고통에 걸린 자, 귀신들린 자, 간질하는 자, 중풍병자들을 데려오니 저희를 고치시더라

마 9:35, 예수께서 모든 성과 촌에 두루 다니사 저희 회당에서 가르치시며 천국 복음을 전파하시며 모든 병과 모든 약한 것을 고치시니라

마 11:2, 요한이 옥에서 그리스도의 하신 일을 듣고 제자들을 보내어
3, 예수께 여짜오되 오실 그이가 당신이오니이까 우리가 다른 이를 기다리오리이까
4, 예수께서 대답하여 가라사대 너희가 가서 듣고 보는 것을 요한에게 고하되
5, 소경이 보며 앉은뱅이가 걸으며 문둥이가 깨끗함을 받으며 귀머거리가 들으며 죽은 자가 살아나며 가난한 자에게 복음이 전파된다 하라

예수님의 사역은 어떤 종류의 사역이 있었으며 치유 사역의 비중은 어떤 것입니까?

예수님의 사역은 치유사역을 포함하며 말씀 사역과 동일하게 행하신 사역입니다.

예수님은 언제든지 병을 고치셨으며 치유사역을 열등한 사역이나 가끔 행하시는 정도가 아니라 늘상 행하시고 비중을 똑같이 두셨습니다.

2) 치유사역은 제자들에게 명한 본질적 사역이었다

마 10:1, 예수께서 그 열두 제자를 부르사 더러운 귀신을 쫓아내며 모든 병

과 모든 약한 것을 고치는 권능을 주시니라
마 10:7, 가면서 전파하여 말하되 천국이 가까왔다 하고
8, 병든 자를 고치며 죽은 자를 살리며 문둥이를 깨끗하게 하며 귀신을 쫓아내되 너희가 거저 받았으니 거저 주어라
눅 9:1, 예수께서 열 두 제자를 불러 모으사 모든 귀신을 제어하며 병을 고치는 능력과 권세를 주시고
2, 하나님의 나라를 전파하며 앓는 자를 고치게 하려고 내어 보내시며

예수님께서 제자들에게 주신 사역은 어떤 것이며 치유사역의 비중은 어떤 것입니까?

동시에 예수님께서 제자들을 훈련시키실 때도 치유사역을 필수 사역으로 명하셨습니다.

하나님 나라를 전파하며 병을 고치라고 하였습니다.

하나님의 나라는 병 고침의 역사와 더불어 선포되었고 하나님이 치유하시는 것이 하나님 나라의 나타남이기도 하였습니다.

3) 초대 교회는 치유하는 교회였다
행 5:12, 사도들의 손으로 민간에 표적과 기사가 많이 되매 믿는 사람이 다 마음을 같이하여 솔로몬 행각에 모이고
13, 그 나머지는 감히 그들과 상종하는 사람이 없으나 백성이 칭송하더라
14, 믿고 주께로 나오는 자가 더 많으니 남녀의 큰 무리더라
15, 심지어 병든 사람을 메고 거리에 나가 침대와 요 위에 뉘우고 베드로

가 지날 때에 혹 그 그림자라도 뉘게 덮일까 바라고
16, 예루살렘 근읍 허다한 사람들도 모여 병든 사람과 더러운 귀신에게 괴로움 받는 사람을 데리고 와서 다 나음을 얻으니라
행 8:4, 그 흩어진 사람들이 두루 다니며 복음의 말씀을 전할새
5, 빌립이 사마리아 성에 내려가 그리스도를 백성에게 전파하니
6, 무리가 빌립의 말도 듣고 행하는 표적도 보고 일심으로 그의 말하는 것을 좇더라
7, 많은 사람에게 붙었던 더러운 귀신들이 크게 소리를 지르며 나가고 또 많은 중풍병자와 앉은뱅이가 나으니
8, 그 성에 큰 기쁨이 있더라
행 19:10, 이같이 두 해 동안을 하매 아시아에 사는 자는 유대인이나 헬라인이나 다 주의 말씀을 듣더라
11, 하나님이 바울의 손으로 희한한 능을 행하게 하시니
12, 심지어 사람들이 바울의 몸에서 손수건이나 앞치마를 가져다가 병든 사람에게 얹으면 그 병이 떠나고 악귀도 나가더라

초대교회에서는 치유사역이 특별한 것이었습니까?

일상적인 것이었습니까?

사도들의 전유물입니까?

모든 신자의 사역입니까?

초대교회는 제자들이 치유를 행하였고 치유사역이 활발히 일어나는 교회였습니다.

그리고 치유 사역은 사도들만의 전유물도 아니었고 사도 외의 지도자

들과 성도들도 행하는 사역이었습니다.

3. 치유 기도의 성격

1) 기도하는 자에게 필요한 것

(1) 믿음

막 16:17, 믿는 자들에게는 이런 표적이 따르리니 곧 저희가 내 이름으로 귀신을 쫓아내며 새 방언을 말하며

18, 뱀을 집으며 무슨 독을 마실지라도 해를 받지 아니하며 병든 사람에게 손을 얹은즉 나으리라 하시더라

약 5:15, 믿음의 기도는 병든 자를 구원하리니 주께서 저를 일으키시리라 혹시 죄를 범하였을지라도 사하심을 얻으리라

마 9:2, 침상에 누운 중풍병자를 사람들이 데리고 오거늘 예수께서 저희의 믿음을 보시고 중풍병자에게 이르시되 소자야 안심하라 네 죄 사함을 받았느니라

치유 기도를 할 때 누구의 믿음이 필요합니까?

치유 사역은 믿음으로 행합니다.

믿음으로 손을 얹는 것입니다.

치유 사역은 자신이 가진 능력으로 하는 것도 아니요, 개인의 경건의 열매로 하는 것도 아니요, 예수 이름의 권세와 주의 말씀에 근거하여 행하는 것이므로 믿음으로 손을 얹는 것입니다.

우리는 순종하여 손을 얹고 하나님께선 약속대로 치유의 역사를 행하

십니다.

   (2)사랑

마 14:14, 예수께서 나오사 큰 무리를 보시고 불쌍히 여기사 그 중에 있는 병인을 고쳐 주시니라

눅 7:2, 어떤 백부장의 사랑하는 종이 병들어 죽게 되었더니

3, 예수의 소문을 듣고 유대인의 장로 몇을 보내어 오셔서 그 종을 구원하시기를 청한지라

4, 이에 저희가 예수께 나아와 간절히 구하여 가로되 이 일을 하시는 것이 이 사람에게는 합당하니이다

5, 저가 우리 민족을 사랑하고 또한 우리를 위하여 회당을 지었나이다 하니

요 11:3, 이에 그 누이들이 예수께 사람을 보내어 가로되 주여 보시옵소서 사랑하시는 자가 병들었나이다 하니

4, 예수께서 들으시고 가라사대 이 병은 죽을 병이 아니라 하나님의 영광을 위함이요 하나님의 아들로 이를 인하여 영광을 얻게 하려 함이라 하시더라

5, 예수께서 본래 마르다와 그 동생과 나사로를 사랑하시더니

갈 5:6, 그리스도 예수 안에서는 할례나 무할례가 효력이 없되 사랑으로써 역사하는 믿음뿐이니라

기도하는 자에게 믿음과 더불어 필요한 것이 무엇입니까?
말씀과 약속을 믿고 순종하는 중보 기도자는 사랑으로 역사하는 믿음을 가진 자여야 합니다.

기본적으로 기도하는 자는 환자를 불쌍히 여기는 사랑의 마음을 품고 기도해야 합니다.

2) 기도 받는 자에게 필요한 것

(1) 믿음

마 9:22, 예수께서 돌이켜 그를 보시며 가라사대 딸아 안심하라 네 믿음이 너를 구원하였다 하시니 여자가 그 시로 구원을 받으니라
마 9:28, 예수께서 집에 들어가시매 소경들이 나아오거늘 예수께서 이르시되 내가 능히 이 일 할 줄을 믿느냐 대답하되 주여 그러하오이다 하니
29, 이에 예수께서 저희 눈을 만지시며 가라사대 너희 믿음대로 되라 하신대

기도 받는 자에게 필요한 것이 무엇입니까?

기도를 받는 자는 하나님을 믿는 믿음으로 치유의 은혜를 받습니다. 치유의 하나님을 믿고 치유기도를 들으시는 하나님을 믿는 것입니다.

(2) 고백

약 5:15, 믿음의 기도는 병든 자를 구원하리니 주께서 저를 일으키시리라 혹시 죄를 범하였을지라도 사하심을 얻으리라
16, 이러므로 너희 죄를 서로 고하며 병 낫기를 위하여 서로 기도하라 의인의 간구는 역사하는 힘이 많으니라

병 고침을 받기 원하는 자는 혹시 자신에게 남아 있는 죄는 없는가 살펴보고 깨닫는 대로 속히 고백하여 죄 씻음을 받는 것이 필요합니다. 죄

를 범하였을지라도 사하심을 받을 것입니다.

죄를 사함 받는 일이 병 고침 받는 일보다 중요하고 우선적입니다. 회개하면 치유가 신속합니다.

3)치유를 위한 기도

(1) 강청하는 사랑의 기도

눅 11:8, 내가 너희에게 말하노니 비록 벗됨을 인하여서는 일어나 주지 아니할지라도 그 강청함을 인하여 일어나 그 소용대로 주리라

롬 5:5, 소망이 부끄럽게 아니함은 우리에게 주신 성령으로 말미암아 하나님의 사랑이 우리 마음에 부은 바 됨이니

요 13:34, 새 계명을 너희에게 주노니 서로 사랑하라 내가 너희를 사랑한 것같이 너희도 서로 사랑하라

요일 4:12, 어느 때나 하나님을 본 사람이 없으되 만일 우리가 서로 사랑하면 하나님이 우리 안에 거하시고 그의 사랑이 우리 안에 온전히 이루느니라

치유 기도의 기본은 어떤 마음으로 기도하는 것입니까?

치유기도의 기본은 사랑의 마음을 품고 강청하여 중보 기도하는 것입니다. 사랑의 짐을 지는 기도가 기본입니다.

(2) 명령과 선포 기도

눅 4:38, 예수께서 일어나 회당에서 나가사 시몬의 집에 들어가시니 시몬의 장모가 중한 열병에 붙들린지라 사람이 저를 위하여 예수께 구하니

39, 예수께서 가까이 서서 열병을 꾸짖으신대 병이 떠나고 여자가 곧 일어
  나 저희에게 수종드니라
마 8:16, 저물매 사람들이 귀신들린 자를 많이 데리고 예수께 오거늘 예수
  께서 말씀으로 귀신들을 쫓아내시고 병든 자를 다 고치시니
행 3:6, 베드로가 가로되 은과 금은 내게 없거니와 내게 있는 것으로 네게
  주노니 곧 나사렛 예수 그리스도의 이름으로 걸으라 하고
행 14:8, 루스드라에 발을 쓰지 못하는 한 사람이 있어 앉았는데 나면서
  앉은뱅이 되어 걸어 본 적이 없는 자라
9, 바울의 말하는 것을 듣거늘 바울이 주목하여 구원받을 만한 믿음이 그
  에게 있는 것을 보고
10, 큰 소리로 가로되 네 발로 바로 일어서라 하니 그 사람이 뛰어 걷는지라

치유 기도에는 간구하여 중보 기도하는 것 외에 어떤 기도가 있습니까?

치유 기도는 강청하는 중보기도가 기본이긴 하지만 동시에 명령하고 선포하는 기도도 합니다.

병을 일으키는 마귀와 온갖 병균은 예수 이름으로 떠나도록 명령하고 병든 몸은 치유되고 새로워지도록 예수 이름으로 선포하는 기도를 행하는 것입니다.

제5강
성령의 성품과 열매

1. 성령과 거룩 (죄로부터의 자유)

> 롬 8:1, 그러므로 이제 그리스도 예수 안에 있는 자에게는 결코 정죄함이 없나니
> 2, 이는 그리스도 예수 안에 있는 생명의 성령의 법이 죄와 사망의 법에서 너를 해방하였음 이라

죄의 세력으로부터 자유 하게 되어 거룩한 삶을 살게 되는 비결이 무엇입니까?

성령의 능력은 밖으로 나타나는 성령의 나타남으로서의 은사와 능력으로만 이해해서는 안됩니다.

성령은 보이지 않는 우리의 내면 세계, 속 사람을 변화시키고 강화시키는 내적 능력으로도 역사하시고 은혜를 주십니다.

무엇보다도 성령은 죄를 이기고 죄의 세력을 멸하는 능력으로 우리에게 임하십니다.

우리는 성령의 은혜의 능력으로 죄를 이기고 승리하여 거룩한 삶을 살아가며 승리의 삶을 누려야 합니다.

우리가 왜 자꾸만 습관적인 죄에 빠집니까?

우리의 영과 혼이 사단의 세력, 죄의 세력에서 해방되지 못한 까닭입니다.

우리가 왜 원수지고 용서하지 못하고 화해하지 못합니까?

죄의 세력 마귀의 세력에서 완전히 벗어나지 못했기 때문입니다.

바울 사도가 로마서 7장에서 고백하고 있는 것처럼 우리 안에 죄가 있기 때문입니다.

우리 안에 죄의 세력이 남아 있다는 것입니다.

웨슬리 선생은 이것을 신자의 죄라고 불렀습니다.

불신자일 때는 아예 알지 못하는 것인데 신자가 되고 나서 경험하게 되고 알게 되는 죄입니다.

우리 속에 죄의 세력이 있어서 죄에 사로잡혀 허덕이는 자신을 본다는 것입니다. 그런데 바로 이 속의 죄의 세력을 멸하고 해방시키는 분이 성령입니다.

성령은 죄의 세력으로부터 우리의 영과 혼을 해방시켜 주십니다.

우리는 이 성령의 은혜를 받아야 합니다.

2. 성령과 연합(평안의 하나됨)

> 엡 4:3, 평안의 매는 줄로 성령의 하나 되게 하신 것을 힘써 지키라
> 4, 몸이 하나이요 성령이 하나이니 이와 같이 너희가 부르심의 한 소망 안에서 부르심을 입었느니라

성령께서 어떻게 가정이나 교회를 진정 하나되게 하십니까?
성령은 용서와 화해의 영입니다.
우리가 성령 충만하면 서로 하나되는 축복을 누립니다.
화해하지 못하는 것은 성령의 은혜가 충만하지 못한 것입니다.
성령은 용납할 수 있는 능력이며 화해할 수 있는 능력입니다.
그리고 서로 하나되는 능력입니다.
평안이란 서로 원수 된 바 없이 갈등 없이 화해된 것을 말합니다.
가정이나 교회는 하나되어 살아야 하는데 성령이 하나되게 하시는 분이시므로 늘 성령 충만하여 하나되게 하신 것을 지키고 누려야 합니다.

3. 성령 충만한 삶

> 엡 5:18, 술 취하지 말라 이는 방탕한 것이니 오직 성령의 충만을 받으라
> 19, 시와 찬미와 신령한 노래들로 서로 화답하며 너희의 마음으로 주께 노래하며 찬송하며
> 20, 범사에 우리 주 예수 그리스도의 이름으로 항상 아버지 하나님께 감사하며
> 21, 그리스도를 경외함으로 피차 복종하라

술 취하지 말라와 성령 충만 하라 가 대비되는 의미가 무엇일까요?

성령 충만한 삶은 어떻게 표현되어야 할까요?

술 취하는 일과 성령 충만하게 되는 일은 동시에 양립할 수 없습니다. 술에 취했다는 것은 우리의 심령이 술의 지배를 받고 있다는 것입니다. 성령의 지배를 받는 성령 충만을 얻고 누리려면 술 취하는 일과 함께 할 수 없습니다.

성령을 새 술에 비한 바 있습니다.

새 술에 취하려면 묵은 술 알콜성 술로 취해서는 안됩니다.

우리는 성령의 충만함을 받아야 합니다.

그런데 여기서는 성령 충만한 삶의 모습이 무엇인지를 보여주는 중요한 교훈이 있습니다.

그것은 시와 찬미와 신령한 노래들로 화답하는 삶이라는 것입니다. 원망과 불평과 시비와 다툼이 아니라 시와 찬미와 노래로 화답하는 공동체적 삶의 모습이 성령 충만한 삶의 모습입니다.

두 번째는 마음으로 주께 노래하며 찬양하는 것입니다.

서로간에도 시와 노래로 화답하고 주님을 향하여 찬양이 솟아나는 그것이 성령 충만한 모습입니다.

셋째는 범사에 하나님께 감사 드리는 삶입니다.

감사, 그것은 성령 충만의 아름다운 모습입니다.

넷째는 피차 복종하는 것입니다.

서로 군림하는 모습이 아니라 서로가 서로에게 복종하고 섬기는 모습이 성령 충만한 모습입니다.

4. 성령으로 부은 바 된 사랑

> **롬 5:5**, 소망이 부끄럽게 아니함은 우리에게 주신 성령으로 말미암아 하나님의 사랑이 우리 마음에 부은 바 됨이니
> 6, 우리가 아직 연약할 때에 기약대로 그리스도께서 경건치 않은 자를 위하여 죽으셨도다
> 7, 의인을 위하여 죽는 자가 쉽지 않고 선인을 위하여 용감히 죽는 자가 혹 있거니와
> 8, 우리가 아직 죄인 되었을 때에 그리스도께서 우리를 위하여 죽으심으로 하나님께서 우리에게 대한 자기의 사랑을 확증하셨느니라

성령께서 부어주시는 하나님의 사랑은 어떤 사랑입니까?

성령은 하나님의 사랑을 부어주시는 영이십니다.

성령으로 말미암아 하나님의 사랑이 우리 마음에 부은바 된다고 하십니다. 성령께서 부어 주시는 사랑은 어떤 사랑입니까?

죄인을 위하여 조건 없이 피 흘리신 예수님의 사랑입니다.

이 사랑이 성령으로 말미암아 우리에게 부어지고 흘러 넘쳐 우리는 감격하고 또 우리의 마음도 사랑의 영으로 충만하여 사랑하게 됩니다.

5. 성령의 열매

갈 5:15, 만일 서로 물고 먹으면 피차 멸망할까 조심하라
16, 내가 이르노니 너희는 성령을 좇아 행하라 그리하면 육체의 욕심을 이루지 아니하리라
17, 육체의 소욕은 성령을 거스리고 성령의 소욕은 육체를 거스리나니 이 둘이 서로 대적함으로 너희의 원하는 것을 하지 못하게 하려 함이니라
18, 너희가 만일 성령의 인도하시는 바가 되면 율법 아래 있지 아니하리라
19, 육체의 일은 현저하니 곧 음행과 더러운 것과 호색과
20, 우상 숭배와 술수와 원수를 맺는 것과 분쟁과 시기와 분냄과 당 짓는 것과 분리함과 이단과
21, 투기와 술 취함과 방탕함과 또 그와 같은 것들이라 전에 너희에게 경계한 것같이 경계하노니 이런 일을 하는 자들은 하나님의 나라를 유업으로 받지 못할 것이요
22, 오직 성령의 열매는 사랑과 희락과 화평과 오래 참음과 자비와 양선과 충성과
23, 온유와 절제니 이 같은 것을 금지할 법이 없느니라
24, 그리스도 예수의 사람들은 육체와 함께 그 정과 욕심을 십자가에 못 박았느니라
25, 만일 우리가 성령으로 살면 또한 성령으로 행할지니
26, 헛된 영광을 구하여 서로 격동하고 서로 투기하지 말지니라

육체의 소욕을 이루지 않기 위하여 우리는 무엇을 좇아 행하여야 합니까?

육체의 소욕은 어떤 열매를 가져 옵니까?

성령의 소욕은 어떤 열매를 가져 옵니까?

우리의 마음은 두 소욕 즉 두 욕구의 영향을 받습니다.

하나는 육체의 소욕이요, 하나는 성령의 소욕입니다.

육체의 소욕이란 성령으로 새로워지기 전의 육체적 욕망을 말하고 성령의 소욕이란 성령께서 주시는 마음입니다.

육체의 소욕은 음행과 더러운 것과 호색과 우상 숭배와 술수와 원수를 맺는 것과 분쟁과 시기와 분 냄과 당 짓는 것과 분리함과 이단과 투기와 술 취함과 방탕함과 또 그와 같은 것들입니다.

우리가 육체의 욕구대로 살면 이러한 열매를 맺게 됩니다. 그러나 성령의 소욕, 성령의 감동대로 살면 성령을 따라 성령의 열매를 맺습니다.

성령의 열매는 사랑과 희락과 화평과 오래 참음과 자비와 양선과 충성과 온유와 절제와 같은 아름다운 열매 입니다.

성령의 은혜는 성령의 열매를 가져 옵니다.

성령을 따라 살아야 합니다.

성령의 열매 맺는 삶을 살아야 합니다.

자 이제 성령의 능력과 성령의 인격의 중요성을 인식하고 특히 성령의 인격의 성숙을 꾀하여야 하겠습니다.

셀 리더십 유형과 열매

4	은사와 능력/유	사랑과 덕성/유	많이 성장
3	은사와 능력/무	사랑과 덕성/유	조금 더 성장
2	은사와 능력/유	사랑과 덕성/무	약간 성장
1	은사와 능력/무	사랑과 덕성/무	성장 없음

1. 맨 하단의 경우, 만일 은사와 능력도 없고 사랑과 덕성도 없다면 리더의 자격이 없다고 보아야 하겠지요.
   이런 경우는 거의 리더 역할을 못합니다.
2. 다음은 은사와 능력은 있는데 사랑과 덕성이 모자란 경우에는 리더의 역할을 할 수 있습니다.
   그러나 열매가 적고 장기적으로 볼 때 성장이 빈약해 집니다. 은사와 능력으로 모으고 나쁜 성격과 부덕한 처사로 흩어버리는 리더가 있는데 그렇게 될 확률이 많겠지요.
3. 은사와 능력은 없으나 사랑과 덕성이 좋은 경우의 리더십은 좀 모자라기는 하나 그래도 은사와 능력 있고 사랑과 덕성 없는 쪽 보다는 낫습니다.
4. 가장 바람직한 것은 은사와 능력이 있고 사랑과 덕성이 있는 경우이지요.
   이 경우는 가장 열매가 많고 좋은 리더십이 될 것입니다.
   그러므로 우리는 성령 충만하여 성령으로 살고 성령의 사람이 되고 성령의 은사와 능력을 받아 사역하도록 사모하고 기도해야겠습니다.